Wilhelm Bernert

Regulative des Parlamentarischen Dialogs

Wilhelm Bernert

Regulative des parlamentarischen Dialogs als Aufgabe der politischen Bildung

tuduv Studie

tuduv-Studien
Reihe Politikwissenschaften
Band 26

CIP-Kurztitelaufnahme der Deutschen Bibliothek

Bernert, Wilhelm:
Regulative des parlamentarischen Dialogs als Aufgabe der politischen Bildung / Wilhelm Bernert. — München : tuduv-Verl.-Ges., 1988
(tuduv-Studien : Reihe Politikwissenschaften ; Bd. 26)
Zugl.: Augsburg, Univ., Diss., 1988
ISBN 3-88073-308-2

NE: tuduv-Studien / Reihe Politikwissenschaften

Kommissionsverlag: tuduv-Verlagsgesellschaft mbH,
8000 München 2, Gabelsbergerstraße 15, Telefon 089/2 80 90 95
Gesamtherstellung: Fotodruck Frank GmbH, 8000 München 2
Printed in Germany

Unsere Rechts- und Verfassungsordnung ist nicht überzeugend genug dargelegt und vielleicht auch nicht überzeugend genug gelebt worden. Das eine weist auf einen Ausfall politischer Bildung, das andere auf einen Ausfall an praktizierter Demokratie hin.

Johannes Hampel

Bessere Unterrichtung und Information über das Parlament, die parlamentarischen Arbeitsabläufe und den Sinn der sie steuernden Regeln sind von ganz entscheidender Bedeutung für eine erfolgreiche politische Bildungsarbeit. Gerade den Lehrern obliegt hier eine große Verantwortung.

Philipp Jenninger

Inhaltsübersicht

0.Problemstellung und Aufriß der Arbeit

Bereits Disraelis berühmtes Diktum "democracy is government by discussing" weist treffend darauf hin, daß das sprachliche Ringen politischer Kontrahenten ein Konstitutivum des demokratisch-parlamentarischen Prozesses darstellt. Praktizierte Politik erscheint in der Tat untrennbar mit Sprache verknüpft; Politik kann weitgehend als Sprachhandeln gekennzeichnet werden.

Zum Themenfeld 'Politik und Sprache' existiert eine Fülle von Publikationen. Meist dominieren bei diesen Veröffentlichungen inhaltlich-semantische oder rhetorisch-pragmatische Aspekte. Die organisatorisch-institutionell-rechtlichen Bedingungen politischen Sprechens rücken nur selten in den Mittelpunkt der Betrachtungen - meines Erachtens zu Unrecht, d.h. der ihnen eigentlich zukommenden Bedeutung nicht entsprechend.

Zu diesem ersten Motiv für die vorliegende Arbeit gesellte sich ein zweites, die sich ausbreitende Institutionsferne bzw. -feindlichkeit in der Bundesrepublik, verbunden mit der Infragestellung relevanter parlamentarischer Verfahren - z.B. des Mehrheitsprinzips - in der pluralistischen Verfassungsdemokratie. In den letzten Jahren mehren sich die mahnenden Stimmen, die eine vertiefte Beachtung der Institutionen in der politischen Bildung fordern und die lange Zeit verpönte 'Institutionenkunde' in zeitgemäßer Form wiederaufgreifen. Da sich Politik innerhalb eines institutionellen und prozeduralen Rahmens abspielt, stellt dessen Kenntnis ein wesentliches Element kommunikativer Kompetenz und politischer Partizipationsfähigkeit dar.

So konstatiert der damalige Direktor der Bundeszentrale für politische Bildung, Gerd Langguth:

"Institutionenkunde ist in den letzten Jahren häufig vernachlässigt worden ... Die wenigsten (jungen Menschen; d.Verf.) jedoch sind zureichend darüber informiert, wie konkret die Entscheidungsprozesse in unserer Demokratie funktionieren ... Zur Institutionenkunde gehört auch die Vermittlung der Einsicht in die Akzeptanz demokratischer Regeln ..."[1)]

Heinrich Oberreuter spricht in Anlehnung an Nevil Johnson von einer Paradoxie:
"Einerseits war das praktische Institutionenverständnis rückläufig, andererseits wächst ... die Abhängigkeit von diesen Institutionen ... Institutionen können kaum überlebensfähig sein, wenn ihr Sinn im Bewußtsein der Bürger nicht mehr präsent oder gar nicht mehr akzeptiert ist."[2)]

Walter Gagel fordert eine "neue kritische Institutionenkunde" mit der Intention, "daß Schüler institutionelle Regelungen als Voraussetzungen für politische Entscheidungen kennenlernen und über ihre Bedeutung und ihre Reformierbarkeit nachdenken."[3)]

Hier setzt die Arbeit an.

Ohne Regelkenntnis und -verständnis wird das parlamentarische 'Sprachspiel' (Wittgenstein) nur unzureichend vermittelt und ein realitätsorientiertes Politikverständnis weitgehend verhindert. Um zu einer angemessenen Beurteilung des demokratischen Parlamentarismus zu kommen, muß politische Bildung die wesentlichen Spielregeln

---

1) Langguth, G.: Heraus aus dem selbstverordneten Getto. In: Das Parlament Nr. 49/85
2) Oberreuter, H.: Wertwandel und politische Bildung. In: Aus Politik und Zeitgeschichte 50/84
3) Gagel, W.: Die neuen sozialen Bewegungen als Herausforderung des politischen Unterrichts. In: Aus Politik und Zeitgeschichte Nr. 50/84

- seien sie nun schriftlich kodifiziert bzw. rituell praktiziert - thematisieren und transparent machen.

Als Lernziel der vorliegenden Untersuchung könnte "Parlamentarismus begreifen"[1] durchaus akzeptiert werden, wenn man 'begreifen' nicht nur auf die kognitive Dimension bezieht, sondern auch die affektive und normative Ebene miteinschließt.

Im folgenden sei der Aufbau der Arbeit kurz skizziert.

Parlamentarische Sprechsituationen weisen unterschiedliche Ausprägung und Besonderheiten auf. Neben der bekanntesten species, der Plenardebatte, existiert eine Vielfalt institutionalisierter Kommunikationsformen, die sich z.B. in Zielsetzung, Öffentlichkeitsgrad, Teilnehmerkonstellation und Partizipation unterscheiden.
Im ersten Teil der Arbeit werden differierende parlamentarische Sprechhandlungen beobachtend und beschreibend dargestellt und unter dem Oberbegriff 'parlamentarischer Dialog' zusammengefaßt.

In einem zweiten Schritt beschäftigt sich die Untersuchung mit den diesem 'parlamentarischen Dialog' zugrundeliegenden Spielregeln. Die institutionalisierten Sprachsituationen vielfältiger Art sind reguliert, kanalisiert und gesteuert durch ein eng geknüpftes Netz aus Vorgaben, Vorschriften, Ritualen. Welcher Abgeordnete wann, wielange, worüber spricht, unterliegt neben schriftlich kodifizierten Bestimmungen der Verfassung den Geschäfts- und Fraktionsordnungen auch bestimmten Ritualen und Bräuchen.

---

1) So lautet auch ein Buchtitel von P.-L. Weinacht: Weinacht, P.-L. (Hrsg.): Parlamentarismus begreifen. München 1986

Viele Abgeordnete - laut Hildegard Hamm-Brücher[1] fluktuiert die Zahl im Bundestag zwischen 100 und 120 - glauben, sich auf dem schmalen Grat zwischen der im GG-Artikel 38 zugesicherten Gewissensfreiheit und der praktizierten Fraktionsdisziplin nicht genügend entfalten zu können und haben sich der interfraktionellen Initiative 'Parlamentsreform' angeschlossen.

Anhand zweier Fallanalysen sollen schließlich Gebrauch und Wirkung der Spielregeln im konkreten parlamentarischen Alltag untersucht werden. Die Selektion der Themen, die Kontingentierung der Debatte, die Reihenfolge der Redner und Sanktionen seien als Beispiele für die oftmals geringgeschätzten formalen Rahmenbedingungen angeführt, die die Struktur des jeweiligen parlamentarischen Sprachprozesses aber maßgeblich beeinflussen. Es wird also im wesentlichen die prozessuale Komponente beleuchtet, nicht aber die inhaltliche.

Maßgeblich kommt es nun darauf an, Bedeutung und Sinn parlamentarischer Regulative herauszustellen. Neben einer funktional-pragmatischen Komponente implizieren Regeln und Verfahren eine normative Dimension, was in einem vierten Schritt dargelegt wird. Für die politische Bildung ergeben sich daraus Konsequenzen, die abschließend entfaltet werden.

Die nachfolgenden Untersuchungen und Feststellungen erwiesen sich als zu komplex für die Anwendung nur eines methodischen Ansatzes. Weder die qualitative Methode allein, noch die empirische Arbeit reicht, um die Mehrschichtigkeit der Thematik zu greifen. Es wurde daher ein integrativer Ansatz gewählt, der die Verwendung phänomenologischer, hermeneutischer und empirischer Elemente ermöglicht.

---

1) Zeitschrift für Parlamentsfragen (ZParl) Nr. 2/85, S. 246ff.

1. Phänomenologie des parlamentarischen Dialogs

Im folgenden Kapitel wird versucht, von begrifflichen Reflexionen ausgehend, den Zusammenhang von parlamentarischem Prozeß und Sprache zu verdeutlichen. Dabei gilt es, den Dialogbegriff, der in der vorliegenden Arbeit eine zentrale Rolle einnimmt, zu klären und seine Verwendung zur Bezeichnung politisch-parlamentarischen Sprechens zu begründen. Im Anschluß daran wird ein so verstandener parlamentarischer Dialog in seinen inter- und intrafraktionellen Formen aufgezeigt.

1.1. Vorüberlegungen

Der Entfaltung des parlamentarischen Dialogs seien einige Überlegungen vorangestellt, die etymologische und definitorische Fragen aufgreifen, um somit zur schärferen Konturierung eines parlamentarischen Dialogs im Unterschied zum philosophischen Dialogverständnis beizutragen.

1.1.1. Etymologische Reflexionen

Anhand politischer Termini läßt sich die Affinität von politischer Praxis und Sprache verdeutlichen, denn viele Bezeichnungen von Elementen des parlamentarischen Prozesses weisen auf Sprachbezogenheit bzw. auf Verbundenheit von Politik und Dialog hin.

Das Substantiv 'Parlament', engl. 'parliament', frz. 'parlement', wurde von 'parlare' (lat.) bzw. 'parler' (frz.) abgeleitet. Die ursprüngliche Bedeutung des Begriffs 'Parlament' als dialogischer Sprachprozeß wandelte sich in eine Bezeichnung für eine politische Institution. STAMMEN hatte in seiner Habilitationsschrift "Poli-

tik und Sprache" bereits 1969 darauf aufmerksam gemacht und mit Auszügen aus Wörterbüchern verschiedener Nationalität belegt. Sowohl der 'Oxford English Dictionary' als auch der 'Littre - Dictionnaire de la langue francaise' und das 'Deutsche Wörterbuch' von H. Paul führten als erste unter mehreren Erläuterungen des Begriffs 'Parlament' nicht den Hinweis auf eine politische Institution, sondern auf den Sprachprozeß an:
"1. The action of speaking, a 'apell' or 'bout' of speaking, a speech, a talk, colloquy, conversation, conference, consultation, a discussion or debate ...

1. Le sens propre et primitif, aujoud'hui inusité est action de parler ...

Mhd. 'parlament' für 'Besprechung', 'Versammlung' Ende des 13. Jh. aus afr. 'parlement' ..."[1)]

Einigen weiteren politischen Begriffen läßt sich der Bezug zur Sprache unmittelbar entnehmen:
- öffentliche Anhörung; auch 'hearing' genannt
- Aussprache
- Regierungserklärung
- Anfrage
- Abstimmung
- Fragestunde
- persönliche Erklärung
- Beratung.

Alle Bezeichnungen kennzeichnen nicht nur verschiedene Sprachsituationen sondern drücken zugleich unterschiedliche politisch-parlamentarische Praxisformen aus.

STAMMEN beurteilt zurecht das Grundverhältnis zwischen

---

1) Th. Stammen: Politik und Sprache - Studien zum Problem ihrer Zuordnung. Unveröffentlichte Habilitationsschrift, München 1969, S. 131f.

Sprache und Politik folgendermaßen:
"Politische Praxis und Sprechen erscheinen hier als ein und dasselbe - als unzertrennbare Einheit, so daß die Eigentümlichkeit politischer Praxis nur erst zu verstehen ist, wenn die ihr je eigentümliche Sprechweise, in der sie sich vollzieht und darstellt, in ihrer Grammatik verstanden wird. Politische Praxis bedient sich also nicht nur der Wörter und Begriffe, sondern vollzieht sich sprachlich, in bestimmten Sprechweisen. Diese Sprechweisen sind somit Erscheinungsformen konkreter politischer Praxis."[1)]

Als Rahmenbegriff solcher unterschiedlichen Sprechweisen wurden Kommunikation, Diskurs und Dialog in Erwägung gezogen. Kommunikation erscheint als sehr weit gefaßter, allgemeiner Begriff. Er setzt sich zur Zeit immer stärker im Bereich der Technik durch. Kommunikation als Schlagwort hat bereits einen festen Platz in der Medien- und Computerterminologie. Der Begriff beinhaltet zwar auch eine personale Dimension der Verständigung, ist aber darüber hinaus vor allem in der technologischen Dimension bedeutsam. Um dem personalen Charakter politischer Sprachprozesse gerecht zu werden, bzw. den nonverbalen, medialen Bereich auszugrenzen erscheinen also Dialog und Diskurs wesentlich geeigneter.

Beide Begriffe sind an sich gleichwertig in Bezug auf die Intention der Arbeit. Bei dem Wort Diskurs ergab sich jedoch, daß es mit dem Habermas'schen Begriffsrepertoire (Herrschaftsfreier Diskurs) assoziiert werden kann. In der politischen Diskussion erscheint Diskurs insofern als besetzt und kann zu Fehlinterpretationen führen.

---

1) Stammen, a.a.O., S. 135

Im folgenden soll als Oberbegriff der unterschiedlichen politisch-parlamentarischen Sprechweise die Bezeichnung 'Parlamentarischer Dialog' dienen. Mit ihm wird versucht, vor allem die institutionalisierten personalen Gespräche zu erfassen und zwar nicht nur im Plenum, sondern auch in parlamentarischen Subgruppierungen wie Ausschuß, Fraktion und Arbeitskreisen. Informelle außerparlamentarische Absprachen, Wahlkreisarbeit bzw. Partei- und Medienarbeit, denen auch eine entscheidende Rolle in der Willensbildung zukommt, werden dabei ausgegrenzt.

Ergänzt werden muß, daß es sich beim politisch-parlamentarischen Dialog nicht mehr um den klassischen Ich-Du-Begriff Buber'scher Prägung handelt. Die vertraute Beziehungsebene, die diesem Dialog zugrunde liegt, wird zugunsten eines quantitativ erweiterten Verständnisses aufgelöst.

Dialog eignet sich auch aus einem anderen Grund: In der politischen Fachsprache ist dieser Terminus bereits in Gebrauch und findet z.B. in den Schlagworten vom Ost-West-Dialog oder vom Europäisch-Arabischen Dialog häufig Verwendung. Hierbei wird auch die Dimension von Dialog sichtbar: Es handelt sich um personale Kommunikation auf verschiedenen Ebenen. Ob zwei Außenminister unter vier Augen miteinander konferieren oder ob Kommissionen oder Regierungen verhandeln, der Begriff Dialog hat sich als allgemein gültig durchgesetzt.

Wenn man berücksichtigt, daß 'Parlament' von 'parlare' bzw. 'parler' - sprechen - abgeleitet ist, scheint der Begriff 'parlamentarischer Dialog' tautologisch zu sein. Diese Annahme trügt jedoch.

Der aus dem Griechischen stammende Begriff 'Dialog' setzt sich aus den beiden Elementen δια und λογος zusammen. δια heißt durch, hindurch, durch Vermittlung von, vermittelst, infolge. λογος hat mehrere Bedeutungen. Einerseits kennzeichnet es das Produkt 'Wort, Begriff, Sprache', andererseits den Prozeß 'Sprechen, reden', dann aber auch Fähigkeiten 'Vernunft, Urteil'. Dialog bezeichnet also einen Vorgang des Sprechens und Denkens mit anderen als soziale Interaktion und zugleich eine gemeinsam vollzogene und rationale Annäherung an die Wahrheit bzw. den Sinn einer Sache oder eines Problems.

Für beide Perspektiven, die themenbezogene und die personenbezogene gilt jedoch das 'δια' - einmal in einem eher horizontalen Verständnis (Sprechen mit den Partnern), dann in einem eher vertikalen (Annäherung an die Wahrheit, das Verständnis einer Sache).

Der Ursprung des philosophischen Dialogs ist sokratisch-platonisch. Der Dialog entwickelte sich vor dem Hintergrund einer sophistischen Rhetorik, die auf beliebig einsetzbare, persuasive 'τέχνη' abzielte.[1] Im Gegensatz zu dieser sophistisch-eristischen Intention verfolgten Sokrates und Platon 'elenktische Intentionen',[2] d.h. der sokratisch-platonische Dialog setzte sich nicht

---

1) Dies läßt sich z.B. in Platons "Gorgias' verfolgen, z.B. auf S. 56 (Stuttgart, 1983):
"Sokrates: ... und wenn ich Recht verstehe, so meinst du, die Redekunst sei die Meisterin in der Überredung und ihr ganzes Geschäft und ihre Haupttätigkeiten laufen hierauf hinaus. Oder weißt du sonst noch etwas zu sagen, daß die Redekunst weiter gehe, als Überredung in der Seele der Hörer zu bewirken?
Gorgias: Keineswegs, Sokrates, sondern du scheinst sie mir vollständig erklärt zu haben, denn dies ist in der Tat ihre Hauptaufgabe."

2) vgl. J. Mittelstraß: Versuch über den sokratischen Dialog. In: K. Stierle/R. Warning (Hrsg.): Das Gespräch, München 1984, S. 11

das Insistieren auf bzw. die Durchsetzung der eigenen Position zum Ziel, sondern verfolgt eine praktische Intention der Verständigung und eine theoretische Intention der argumentativen, ethisch orientierten Begründung mit angestrebter Übereinstimmung.

1.1.2. Spezifika des parlamentarischen Dialogs

Beklagen zeitgenössische Vertreter der Philosophie, daß ihre Disziplin in sokratisch-platonischem Verständnis nur "wenig dialogisch" sei, so gilt das m.E. in mindestens gleichem Maße für den politischen Bereich.[1)]

Als institutionalisierte Dialoge unterliegen politisch-parlamentarische Sprachformen zahlreichen Rahmenbedingungen.

Die Geschäftsordnung, Grundgesetz bzw. Landesverfassung, aber auch bestimmte Rituale, Parlamentsbräuche regulieren im Bundestag, Landtag, Stadtrat Gespräche sowohl im Plenum als auch in dessen Subgruppierungen. Bedingt durch den engen Zeitrahmen wird nicht unbegrenzt diskutiert, sondern nach Schluß der Debatte durch Abstimmung entschieden.

Im Gegensatz zum philosophischen oder zum alltäglichen Dialog kann man beim politisch-parlamentarischen Dialog von einer Präformierung - z.B. durch Festsetzung der Tagesordnung, der Debattendauer, durch Redezeitverteilung, Sprecherbenennungen etc. - sprechen. Dabei kommen in der parlamentarischen Praxis neben dem Präsidium vor allem dem Ältestenrat und den Fraktionsgeschäftsführungen gewichtige Bedeutung als 'Weichensteller' zu.

---

1) vgl. J. Schläger: Warum ist die Philosophie so wenig dialogisch? In: K. Stierle/R. Warning (Hrsg.); a.a.O., S. 421ff.

Das Sprachverhalten der Abgeordneten ist deutlich geprägt von deren Zugehörigkeit zu einer Partei bzw. Fraktion. Der Sprachgebrauch kann bezüglich Selbst- und Fremdbild, Wortwahl und Argumentation als parteilich charakterisiert werden.Ziel ist weniger wie in der Philosophie die konsensuelle Orientierung der Dialogpartner, sondern das Treffen verbindlicher Entscheidungen. Bedingt durch die Mehrheitsverhältnisse im Parlament verläuft dies meist ohne Überraschung im Sinne der Regierungsfraktionen. Strategisch erstreben die Oppositionsfraktionen das Erreichen, die Regierungsfraktionen den Erhalt der Macht. Deshalb gilt es, der Öffentlichkeit die eigene Position zu begründen, die des politischen Gegners zu disqualifizieren, um Anklang unter den Wählern zu finden; d.h. neben deliberierenden Momenten finden sich vor allem bei öffentlichen Diskussionen verstärkt rhetorische, z.T. polemische Elemente. Auch die unterschiedliche Zusammensetzung und die Größe der Gremien wirken sich auf die Kommunikationsabläufe aus. Die Mitglieder derselben Fraktion diskutieren innerparteilich - d.h. in Arbeitskreis, bzw. Arbeitsgruppe, bzw. Fraktion - durchaus kontrovers, agieren dann aber in interfraktionellen Gremien wie Ausschuß und Plenum eher geschlossen und versuchen, die parlamentarischen Spielregeln zu nutzen.

Je größer jedoch ein Gremium ist, desto weniger dialogisch scheint die Kommunikation zu verlaufen.

Nimmt man als grundlegende Elemente eines Dialogs die Faktoren a) Partizipation der einzelnen Mitglieder, b) Rückbezug auf Vorredner (im Sinne des Versuchs der Meinungsmodifizierung) und c) spontaner Sprecherwechsel, so steht fest, daß diese, die Qualität einer Diskussion bestimmenden Bereiche mit Zunahme der Größe des Gremiums nur noch partiell berücksichtigt werden können.

Günstigere Voraussetzungen für einen an o.a. Kritierien gemessenen Dialog finden sich bei kleineren Gremien (Arbeitsgruppe, Arbeitskreis, Ausschuß, kleine Fraktion).

1.2. Der politisch-parlamentarische Dialog im Überblick

Der parlamentarische Dialog an sich kann nur isoliert betrachtet werden, wenn man sich der Einbettung des Parlaments in den Rahmen des gesamten politischen Prozesses bewußt ist. Das Parlament hat seinen Platz, betrachtet man z.B. das Systemmodell nach Almond, im Zentrum des politischen Systems. In dieses Zentrum geht auf der einen Seite der input ein, auf der anderen Seite steht der output bzw. die Implementation. Das Parlament ist nun auf vielfältige Weise mit dem Gesellschaftssystem verwoben. Sogenannte Gelenkstücke bilden hierbei die Medien, bzw. die durch die Medien vertretene Öffentlichkeit, die Parteien, die Interessengruppen, die Regierung und die Verwaltung und die Rechtssprechung. Das Parlament als Schnittstelle zwischen input und output unterliegt nun dem Einfluß, den Forderungen und Zwängen, die durch o.a. Gruppierungen zum Tragen kommen.

Die im folgenden nun beschriebenen Regulativa des parlamentarischen Dialogs beziehen sich auf den inneren Bereich des Parlaments, auf dessen Verfahren, alle äußeren Einflußfaktoren können hierbei nur als Kontext, nicht aber als Gegenstand der Arbeit betrachtet werden.

In der parlamentarischen Praxis lassen sich der Arbeitsorganisation entsprechend vier grundsätzliche und interdependente Dialogkonstellationen unterscheiden: Plenarsitzungen, Fraktionssitzungen, Ausschußsichtungen und Arbeitskreis- bzw. Arbeitsgruppensitzungen (vgl. Abb. 1).

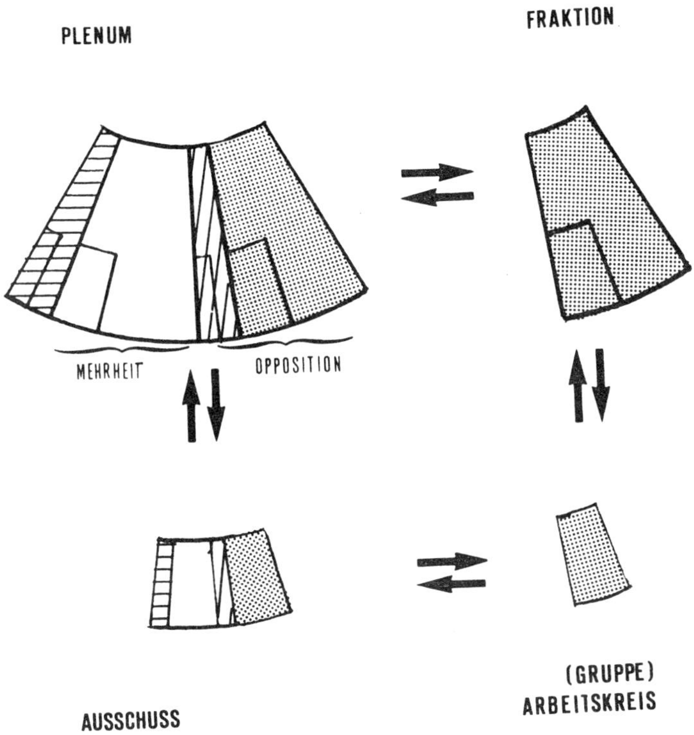

Abb. 1: Konstellation und Interdependenz im Deutschen Bundestag

Abb. 1 zeigt vereinfacht die Konstellation und den Kommunikationsfluß im Deutschen Bundestag. Sie ließe sich adäquat auf die Landesparlamente übertragen.

Die Konstellation der Dialoggremien wirkt sich erheblich nicht nur auf Stil und Gestaltung, sondern auch auf das Ausmaß der Regulierung parlamentarischer Kommunikation aus.

Einige Simplifizierungen bedürfen jedoch der differenzierten Betrachtung.

Bei FDP, SPD, den Grünen umfaßt das Betätigungsfeld eines Arbeitskreises stets die Gebiete mehrerer Ausschüsse; nur die CDU/CSU-Fraktion hat ihre Arbeitsgruppen fast spiegelbildlich zum Ausschußwesen organisiert.

Kleine Fraktionen entsenden nur soviel Abgeordnete in den Ausschuß, wie ihrem Wahlergebnis prozentual entspricht. So sind z.B. die Grünen in 12 Ausschüssen des X. Bundestages nur mit je einem Mitglied vertreten, in 7 Ausschüssen mit zwei Mitgliedern, die FDP in 4 Ausschüssen mit je einem Repräsentanten.[1)] Im XI. Bayerischen Landtag sind die Grünen in den beiden kleinsten Ausschüssen - dem Sicherheitsausschuß und dem Ausschuß für Informationen über Bundesangelegenheiten und Europafragen - nicht vertreten.

Die Bundestagsabgeordneten der CDU/CSU organisieren sich zusätzlich in regionalen Landesgruppen. Vor allem die CSU-Landesgruppe koordiniert ihr Vorgehen - ähnlich einer Fraktionsarbeit - bereits vor den gemeinsamen Fraktionssitzungen der CDU/CSU-Fraktion.

Mit einer Kombination einiger im folgenden kurz vorgestellter Kategorien lassen sich o.a. parlamentarische

---

1) Die Zahlen wurden dem Amtlichen Handbuch des Deutschen Bundestages 10. Wahlperiode entnommen. Darmstadt 1985

Grundkonstellationen genauer bestimmen und miteinander vergleichen.

Bereits bei Betrachtung der Abb. 1 fallen Unterschiede bezüglich Größe und Struktur der Dialoggremien auf. Bei einer homogenen Zusammensetzung gehören die Gesprächsteilnehmer der gleichen Fraktion an, bei heterogener Struktur stammen sie aus verschiedenen Fraktionen.

Mit der heterogenen bzw. homogenen Struktur korrespondiert der Sprachduktus. Während in innerparteilichen Gesprächsgruppierungen zwar durchaus kontrovers diskutiert,Kritik jedoch meist loyal vorgetragen wird, erfolgt in heterogenen Gremien Kritik eher in oppositiver Manier, d.h. je nach Zugehörigkeit zum Lager der Regierungs- bzw. Oppositionsfraktionen wird vom Standpunkt der jeweiligen Partei aus argumentiert.

Die Sachkompetenz der einzelnen Gremien ist unterschiedlich einzustufen. Quantität und Komplexität politischer Aufgaben zwingen Plenum und Fraktionen zur Arbeitsteilung und Spezialisierung. Größere Gremien stützen sich auf die Vorarbeit und die Empfehlungen der spezialisierten homogenen bzw. heterogenen Subgremien.

Die Funktionen der Dialoge lassen sich insofern m.E. auf eine fundamentale Dichotomie verkürzen. Sie sind entweder eher vorbereitend-zuarbeitend-empfehlend oder entscheidend-beschließend. Auch die Zulassung der Öffentlichkeit beeinflußt u.a. Sprachduktus und Sprecherwechsel im parlamentarischen Dialog.

Spontaner Sprecherwechsel in kleinen Gremien begünstigt einen hohen Partizipationsgrad der einzelnen Abgeordneten, während in großen Gremien vor allem an der Nutzung von Sprachprivilegien Statusverteilungen beobachtbar sind.

Diese erste und notwendigermaßen grobe Annäherung an die Vielfalt der parlamentarischen Dialogsituationen soll im folgenden eingehender entfaltet werden.

1.2.1. Der interfraktionelle Dialog

1.2.1.1. Im Plenum

In der Vollversammlung der Abgeordneten, dem entscheidenden Beschlußorgan, werden Vorlagen und Gesetzentwürfe öffentlich debattiert, an die Ausschüsse überwiesen und endgültige Beschlüsse, die im präplenaren, meist nichtöffentlichen Raum vorbereitet wurden, verabschiedet. Neben dieser Legislativfunktion erfüllen die Parlamente noch weitere wesentliche Aufgaben, die Walter BAGEHOT[1)] bereits Mitte des 19. Jahrhunderts umschrieben hat: Kontrolle der Exekutive, Regierungsbildung und Repräsentation.

Die Kontrollfunktion des Parlaments gegenüber der Regierung wird weniger vom gesamten Plenum als von der Opposition wahrgenommen. Die Fraktionen der Regierungsparteien kritisieren ihre Minister im allgemeinen in den Fraktionssitzungen oder in den Arbeitskreisen bzw. Arbeitsgruppen.

---

1) vgl. Walter Bagehot: The English Constitution, with an Introduction by R.H.S. Crossman, London 1964, S. 150ff. Er unterscheidet elective function, expressive function teaching function, informing function und function of legislation.

RAUSCH entfaltet die Repräsentationsfunktion, die er Öffentlichkeitsfunktion nennt[1] noch eingehender in Artikulation, Willensbildung und Willensmobilisierung, Repräsentation, Demokratisierung und Kreativität.

Die einzelnen Parlamentsfunktionen lassen sich weder trennscharf differenzieren, noch in eine Rangfolge ihrer Bedeutsamkeit systematisieren, da sie sich in der parlamentarischen Praxis überlagern und meist im Akkord anzutreffen sind.

Auch in der parlamentarischen Kommunikation spiegelt sich diese Funktionsdiffusion wider. Die plenaren Sprechsituationen lassen sich zwar schwerpunktmäßig einer Aufgabe zuordnen, sind jedoch meist polyfunktional.

Wesentliche Formen des plenaren parlamentarischen Dialogs seien am Beispiel des Deutschen Bundestages angeführt:

Konstituierende Sitzung
Kanzlerwahl
Einbringen von Gesetzentwürfen
Beratung und Beschluß von Gesetzen
Einsetzung von Ausschüssen
Einsetzung von Enquete-Kommissionen
Haushaltsbewilligung
Anfragen
Fragestunden
Regierungserklärung mit Aussprache
Aktuelle Stunden
Entlassungsanträge
Vertrauensfrage
konstruktives Mißtrauensvotum
Appellation von Regierungsmitgliedern

---

1) Heinz Rausch: Strukturprobleme des Deutschen Bundestages. In: Akad. für polit. Bildung Tutzing und Akad. für Lehrerfortbildung Dillingen (Hrsg.): Konflikt und Integration II - Perspektiven des politischen Systems der Bundesrepublik Deutschland. München 1978, S. 144ff.

persönliche Erklärungen
Sondersitzungen

Da die vorentscheidende Arbeit im präplenaren Feld meist hinter verschlossenen Türen stattfindet und nicht transparent bleibt, wird das Ansehen des Parlaments in der Öffentlichkeit zu einem bedeutenden Teil von den öffentlichen Debatten geprägt. Der eigentliche Dialog ist jedoch in die Ausschüsse bzw. die Arbeitskreise und Fraktionsvorstände ausgewandert. Diese Verlagerung führte zu einer Kluft zwischen Öffentlichkeit und Diskussion, die Peter SCHINDLER bereits 1969 zurecht beklagte: "Sicherlich stimmt die Behauptung nicht, daß es Diskussion und Öffentlichkeit in der Parlamentswirklichkeit des Bundestages nicht mehr gäbe. Im Gegenteil: Die Öffentlichkeit hat durch Rundfunk- und Fernsehübertragungen eine ungeahnte Ausweitung erfahren. Auch ist die Zahl der Diskussionen in den Fraktionen und Ausschüssen eminent gestiegen. Was jedoch im Bundestag häufig fehlt, ist die zeitliche Verküpfung von Diskussion und Öffentlichkeit. Was eine Einheit darstellen soll, ist zerfallen: Es gibt Diskussion ohne Öffentlichkeit und Öffentlichkeit ohne Diskussion."[1)]

Das Plenum ist heterogen strukturiert, d.h. es besteht aus mehreren Fraktionen. Sie nehmen entscheidenden Einfluß auf alle plenaren Abläufe. Man spricht zurecht vom Fraktionenparlament, da durch die neue Geschäftsordnung (BT) die Fraktionsrechte erneut gestärkt wurden, dem einzelnen Abgeordneten dagegen nur eingeschränkte Entfaltungsmöglichkeiten gestattet werden. Die Bedeutung, die einer Geschlossenheit der Fraktion nach außen zugemessen wird, ist in der Einhaltung der Fraktionsdisziplin vor allem der Mehrheitsparteien sichtbar. Die über die

---

1) P. Schindler: Die Arbeitsweise des Deutschen Bundestages. In: Der Deutsche Bundestag 1949-1969. Frankfurt/M., Bonn 1969, S. 65

Mehrheit verfügenden Regierungsfraktionen stimmen ihr Vorgehen im allgemeinen informell ab. Besonders für gewöhnliche Abgeordnete oder für Dissenter - d.h. in einzelnen Punkten von der Parteilinie Abweichende - sind die Partizipationsmöglichkeiten im Plenum gering.

An den Plenarsitzungen nehmen nur bei wichtigen oder umstrittenen Gesetzen und Vorhaben alle 520 (X. Bundestag) bzw. 204 (X. Bayer. Landtag) Abgeordneten teil. Auch Bundesregierung und Bundesratsvertreter beteiligen sich am plenaren Dialog.

Spontaneität und Bezugnahme auf den Vorredner wird erschwert durch begrenzte Debattendauer, Größe des Gremiums, Fülle der Aufgaben und Fraktionsregie. Dialogische Rudimente bleiben jedoch in den Zwischenrufen, den Zwischenfragen und unter Umständen auch in Eintragungen in die Rednerliste nach Verständigung mit dem parlamentarischen Geschäftsführer der Fraktion. Die erhebliche Belastung der Abgeordneten, die mehreren Gremien gleichzeitig angehören, Wahlkreise betreuen und Medien- und Verbandskontakte pflegen, führt nicht selten zu geringer Präsenz im Plenum. Häufig wechselt beim Fortschreiten zum nächsten Tagesordnungspunkt auch die personelle Besetzung im Bundestag, vergleichbar einem Schichtwechsel in der Industrie.

Die Geschäftsführer der Regierungsparteien müssen darauf achten, daß ihre Fraktionen bei Abstimmungen die Mehrheit stellen. Zwar gilt laut GOBT § 45 ein Beschlußfähigkeitsquorum von mehr als der Hälfte der Mitglieder, aber solange keine Fraktion die Beschlußunfähigkeit anzweifelt, wird sie vorausgesetzt, d.h. die Zahl der anwesenden Abgeordneten bleibt in diesem Fall ohne Bedeutung für das Zustandekommen bzw. die Gültigkeit der Beschlüsse. Das Parlament als Organ kann auch aus einer kleinen Zahl von Parlamentariern bestehen, denn für die Beratungsfähigkeit existiert kein Quorum. Bei wichtigen Debatten jedoch z.B. Haushaltsberatung und Aussprache nach Regierungserklärungen etc. sind die meisten der Abgeordneten auch anwesend.

Die Kompetenz bzw. der Informationsstand der Abgeordneten differieren je nach Tagesordnungspunkt, beruflicher Qualifikation, Ausschußzugehörigkeit, individuelle Vorinformation, Zuarbeit der Fraktionshilfsdienst.

"Es ist ausgeschlossen, daß jeder Abgeordnete jede Einzelheit der Gesetze, über die er im Plenum abzustimmen hat, übersieht. Ausreichende Sachkenntnis hat er, wenn man es einmal grob schätzt, bei höchstens 5 % dieser Einzelbestimmungen ... In den übrigen 95 % stimmt er nicht gegen seine Überzeugung ab, sondern ohne jede Überzeugung, im Vertrauen auf die bessere Sachkennntnis seiner politischen Freunde."[1)]

Wenn man auch bezüglich der prozentualen Angabe Bedenken anmelden kann, so ist sicherlich der Sachverhalt der Tendenz nach richtig dargestellt. Generell sollte jeder Abgeordnete über das aktuelle politische Geschehen informiert sein und über zusätzliche Spezialkenntnisse in mindestens einem Gebiet verfügen. Bei Abstimmung verlassen sich die Abgeordneten meist auf ihre Fraktionsexperten und stimmen mit der Fraktion.

Mit der Konstellation des Plenums korrespondiert auch der Sprachduktus der parlamentarischen Kommunikation. Die Linguisten GRÜNERT/KALIVODA prägten zur Kennzeich-

---

1) Hans Dichgans: Mehr Freiheitsraum für die Abgeordneten. In: ZParl. 1976/Heft 1, S. 129

nung der plenaren Sprachsituation den Terminus "oppositiver Diskurs".[1] Er weist treffend auf zwei relevante Sachverhalte hin. Zum einen ist die Plenardebatte kein reiner Dialog, sondern eher eine monologisch orientierte ars dialectica, eine "Kette von wechselnden, in sich geschlossenen Reden"[2], zum anderen geht es "um Handlungsentscheidungen auf der Basis parteilicher Interessen"[3] und weniger um das auf Habermas zurückgehende Konzept des konsensuellen Diskurses. Als Kriterien eines oppositiven Diskurses nennen GRÜNERT/KALIVODA parteiliche Situationsdefinition, parteilich determinierte Gegnereinschätzung - d.h. zumeist Disqualifikation des gegnerischen Standpunktes - parteilich konstituierte Zielprojektion und intentionalen Herrschaftsanspruch.[4]

Der Dualismus Koalitionsfraktionen versus Oppositionsfraktionen bestimmt den parlamentarischen Alltag, was aber weder interfraktionellen Konsens[5] noch Kontroversen zwischen verschiedenen Oppositionsfraktionen bzw. Mehrheitsfraktionen ausschließt. Parlamentarisches Deliberieren erfolgt öffentlich, d.h. konkret Zuhörer auf der Tribüne, Presse- und Fernsehjournalisten verfolgen die Interaktionen. Vor allem die Übertragungen des Fernsehens aus dem Bundestag veränderte die parlamentarische Debatte im Gegensatz z.B. zum britischen Unterhaus, das bis heute noch keine TV-Übertragungen gestattet. Die Fraktionshauptredner werben in langen Beiträgen um die Zustimmung der Wähler bzw. um Verständnis für die parteilichen Entscheidungen und Voten. Auch die redeprivilegierten Mitglieder

---

1) H. Grünert/G. Kalivoda: Politisches Sprechen als oppositiver Diskurs. In: E.W.B. Hess Lüttich (Hrsg.): Textproduktion und Textrezeption. Forum Angewandte Linguistik Bd. 3, Tübingen 1983, S. 73ff.
2) ders., a.a.O., S. 76
3) ebd.
4) ebd.
5) Konsensuale Gesetzgebung erfolgt wesentlich häufiger als man allgemein annimmt. Vgl. Nienhaus: Konsensuale Gesetzgebung im Bundestag. In: ZParl 2/85

der Regierung und des Bundesrates nutzen publikumsgünstige Sendezeiten für überlange Reden und verdrängen die Beiträge anderer Abgeordneter.[1] Das Ablesen druckfertiger Manuskripte sollte rhetorischen Schwächen und Einbrüchen, die durch das Fernsehen der Öffentlichkeit vermittelt werden, vorbeugen, bewirkte aber nur einen weiteren Rückzug in den Monolog.

Die Positionen der Fraktionen und die substantiellen Entscheidungen des Plenums sind den Abgeordneten durch die vorbereitende Arbeit in anderen Gremien und informellen Gruppen bereits vertraut. Insofern geht es im Parlament nicht mehr um das Gewinnen einer Mehrheit durch Überzeugung. Die Argumentationen im plenaren Dialog wiederholen nur für alle Bürger die Standpunkte der einzelnen Fraktionen öffentlich und versuchen so, den abgelaufenen Willensbildungsprozeß in verdichteter Form transparent zu machen. Das praktizierte und disziplinierte Abstimmungsverhalten ergibt sich meist aus den parlamentarischen Mehrheitsverhältnissen und entspricht den Fraktions- bzw. Ausschußempfehlungen.

Der Partizipationsgrad im Plenum kann als relativ gering eingestuft werden. Viele Tagesordnungspunkte werden in Form einer Kurzdebatte zu einer Runde bzw. zu zwei Runden, bei der alle Fraktionen zu Wort kommen, abgehandelt. Dabei werden meist nur die Fraktionsstandpunkte durch die Experten der federführenden Ausschüsse verlesen; der eigentliche Beratungsvorgang vollzieht sich in den Ausschüssen, den Arbeitskreisen und in den Fraktionsvorständen.

Eine höhere Sprecherfrequenz ist vor allem in den Fragestunden und den Aktuellen Stunden festzustellen, da hier das Präsidium streng auf Einhaltung der 5-Minuten-Sprech-

---

1) vgl. W. Ismayr: Parlamentarische Kommunikation und Abgeordnetenfreiheit. Frankfurt/M. 1982, S.12ff: Der Bundestag als Forum des Bundesrats

zeit achtet. Für den gewöhnlichen Abgeordneten, bzw. den Parlamentsneuling ist hier oft die einzige Möglichkeit gegeben, im Plenum das Wort zu erhalten.

Der Status des einzelnen Abgeordneten wird indiziert durch Redehäufigkeit im Plenum, zugeteilter Redezeit, Zuarbeit der Fraktionshilfsdienste. Am meisten reden neben den Fraktionsspitzen die Ausschußvorsitzenden bzw. Arbeitskreis-Obleute, Fraktionsvorstandsmitglieder. Eine gleichmäßigere Aufteilung erfolgt nur bei der Fraktion der Grünen. Die Partizipationschancen der gewöhnlichen Abgeordneten sind vor allem in den großen Fraktionen gering. Parlamentsneulinge müssen sich erheblich gedulden und öfter vorbereiten, ehe sie im Plenum agieren dürfen. Der ehemalige SPD-Abgeordnete Dieter Lattmann berichtet aus eigener Erfahrung:
"Bis die Neuen zum erstenmal im Bundestagsplenum an die Reihe kommen, das dauert in den meisten Fällen zwei Jahre und in einigen fast die gesamte Legislaturperiode. Wenn es soweit ist, stellt sich heraus, daß auch versierte Wahlkampfredner im Plenum zu Anfang ins Stottern geraten. Selbst gehärtet durchs Parteigerangel sind die meisten der Leere des Riesensaals und der Teilnahmslosigkeit der Anwesenden nicht gewachsen. Es spricht sich schwer unter Berufsrednern, die Zeitung lesen oder untereinander parlieren."[1)]

Dagegen verfügen Regierungsmitglieder und Bundesratsmitglieder über umfangreiche Privilegien. Sie haben jederzeit Rederecht ohne zeitliche Beschränkung, was vor allem wie bereits o.a. bei TV-Übertragungen intensiv genutzt wird.

---

1) D. Lattmann: Die lieblose Republik. München 1981, S. 18

Die Koordination bzw. Steuerung des plenaren Geschehens erfolgt durch das Präsidium, aber auch durch den Ältestenrat und die Fraktionsgeschäftsführung.

1.2.1.2. In den Ausschüssen

Bedeutende interfraktionelle Organe stellen die Ausschüsse dar. Hier wird die wesentliche Vorarbeit für das Plenum geleistet; hier findet der eigentliche Dialog statt. Theodor ESCHENBURG bezeichnet die Ausschüsse als "die für bestimmte Spezialgebiete zuständigen Gesandtenkongresse der Fraktionen".[1] Die Geschäftsordnung des Bundestages spricht in §62/1 von "vorbereitenden Beschlußorganen". Das Plenum weist den Ausschüssen Vorlagen zu, über die dann interfraktionell beraten und abgestimmt wird. Das Ergebnis der Ausschußtätigkeit wird dem Plenum berichtet und zur Abstimmung empfohlen. Ausschüsse "können sich jedoch mit anderen Fragen aus ihrem Geschäftsbereich befassen".[2]

Die Arbeitsschwerpunkte der ständigen Ausschüsse liegen neben der Gesetzgebungsarbeit auch in der Kontrollfunktion. Vor allem die Abgeordneten der Opposition beobachten in den Ausschüssen die Intentionen der Regierung bzw. der Koalitionsfraktionen und informieren die eigene Fraktion bzw. die Medien. Statistische Zahlenvergleiche zwischen Plenarsitzungen und Ausschußsitzungen können die Bedeutung der Ausschüsse im parlamentarischen Alltag verdeutlichen. So standen in der 10. Wahlperiode[3] (1983 - 1987) den 256 Plenarsitzungen 2103 Ausschuß- und Unteraus-

---

1) zit. nach H. Rausch: Parlament und Regierung. München 1975^4, S. 104
2) GOBT, 10. Wahlperiode, § 62
3) P. Schindler: Deutscher Bundestag 1949-1987. Parlaments- und Wahlstatistik. In: ZParl 2/87, S. 193

schußsitzungen gegenüber.

In den Ausschüssen sitzen meist sachverständige Abgeordnete bzw. Verbandsvertreter, die von ihren Fraktionen benannt und abberufen werden. Abgeordnete, die während einer Legislaturperiode ihre Fraktion verlassen, verlieren nicht ihr Mandat, wohl aber den Ausschußsitz.[1)]

An den Sitzungen sind äußerst kompetente Vertreter der Exekutive - Staatssekretäre bzw. hohe Ministerialbeamte, gelegentlich der Minister selbst - beteiligt, die ihren Fachverstand einbringen, aber auch die Position des jeweiligen Ministeriums vertreten. Bundesratsmitglieder dürfen sich ebenfalls am Dialog beteiligen, nicht jedoch an Abstimmungen.

Die Zahl der ständigen Ausschüsse kann vom Bundestag bzw. vom Landtag verändert werden. Der X. Bundestag verfügt über 20 ständige Ausschüsse, deren Mitgliederstärke je nach Arbeitsumfang ohne Stellvertreter 13 - 37 Personen beträgt. Der X. Bayerische Landtag umfaßt 13 ständige Ausschüsse mit 11 - 25 Personen. Dabei entspricht das Kräfteverhältnis im Ausschuß jeweils der Parteienkonstellation im Plenum. Im allgemeinen ist dem Arbeitsgebiet jedes Ministeriums ein Ausschuß zugeordnet, was die Kontrolle der Regierung erleichtert.

Die Verteilung des Ausschußvorsitzes ist nach dem Prinzip des Fraktionsproporzes so geregelt, daß der Stellvertreter jeweils einem anderen Lager - Regierungs- bzw. Oppositionsfraktionen - angehört, als der Vorsitzende und daß alle Fraktionen in mindestens einem Ausschuß den Vorsitz innehaben.

---

1) Im X. Deutschen Bundestag sind Bastian (Grüne), Handlos (CDU/CSU) und Voigt (CDU/CSU) aus ihren Fraktionen ausgetreten.

Die Präsenz im Ausschuß ist relativ konstant, da sowohl die Fraktion als auch der einzelne Abgeordnete selbst an einer permanenten, fundierten Information interessiert sind. Näheres regeln die Geschäftsordnungen der Fraktionen.

Neben diesen ständigen Ausschüssen, die selbst Unterausschüsse einrichten können, existieren weitere Ausschüsse. Das Parlament kann Sonderausschüsse für einzelne Angelegenheiten einrichten oder 1/4 des Plenums kann einen Untersuchungsausschuß zur Ermittlung bestimmter Tatbestände beantragen; Bundestag und Bundesrat bilden gemeinsam Ausschüsse, die jedoch keine Beschlüsse vorbereiten, z.B. den Gemeinsamen Ausschuß, den Richterwahlausschuß und den Vermittlungsausschuß.

Ein besonderes Instrument besitzt der Bundestag seit 1969. Er kann "zur Vorbereitung von Entscheidungen über umfangreiche und bedeutsame Sachkomplexe" (GOBT § 56) Enquete-Kommissionen bilden, denen neben Parlamentariern auch Sachverständige ohne Mandat angehören.

Was die Kompetenz betrifft, so sind die ständigen Ausschüsse meist Expertengremien. Zumeist jedoch verfügt die Ministerialbürokratie über einen Informationsvorsprung. Die überwiegend hochkomplexen und äußerst speziellen Materien, sowie eine in eingeschränktem Umfang unerläßliche Fachterminologie erschweren für Nichtspezialisten die Verständlichkeit erheblich. Abgeordnete der kleinen Fraktionen müssen sich in den Ausschüssen auf mehrere Gebiete konzentrieren bzw. einarbeiten und zeigen dadurch trotz der Zuarbeit der Fraktionshilfsdienste häufiger Überlastungserscheinungen bzw. Informationsdefizite als ihre Kollegen der großen Fraktionen.

Der Sprachduktus in Ausschußsitzungen ist zwar parteilich geprägt, dennoch zugleich sachlich orientiert und kollegial. Im Ausschuß wird in erster Linie argumentativ diskutiert.

Kaum eine Gesetzesvorlage passiert den Ausschuß ohne Änderung. "Die Beratungen bewegen sich in der Regel dabei nicht in den Fronten der Frakionen, es ist vielmehr ein gemeinsames Suchen der bestmöglichen Lösung; daß in der Bewertung dessen, was als diese Lösung betrachtet werden kann, unterschiedliche Auffassungen vertreten werden, steht der offenen Diskussion nicht entgegen ... Die ordnungsgemäß zustande gekommene Mehrheitsentscheidung muß respektiert werden, sie ist die Grundlage der weiteren Beratung."[1] Die Mehrheitsverhältnisse stehen fest und dadurch sind auch die Ergebnisse in gewisser Weise vorstrukturiert. Minderheitsvoten müssen im Plenum vorgestellt werden.

Die Tatsache, daß Ausschüsse des Bundestages meist nichtöffentlich tagen - obwohl nach GO § 69 der Ausschuß beschließen kann "für eine bestimmten Verhandlungsgegenstand oder Teile desselben die Öffentlichkeit zuzulassen" - gab wiederholt zu Diskussionen Anlaß. Einerseits wird argumentiert, daß man nach dem Vorbild des bayerischen Landtags Ausschußsitzungen generell öffentlich durchführen sollte, um eine größere Transparenz des Willensbildungsprozesses zu erreichen.[2] Dagegen meinen andere, daß sich "die Intimdiskussion dann auf kleinere, nicht vorgesehene Zirkel verschiebt und sich der eigentliche Willensbildungsprozeß außerhalb von Parlamentsorganen vollzieht."[3] Die Grünen plädieren generell für Öffentlichkeit der Ausschüsse, während die interfraktionelle Initiative Parlamentsreform "teilöffentliche

1) F. Schäfer: Der Bundestag. Opladen 1977[3], S. 124
2) z.B. Hans de With (SPD) in: ZParl 2/1985, S. 255
3) zit. nach H. Rausch, a.a.O., S. 107

Sitzungen", in denen "Gesetzesberatungen von besonderem öffentlichen Interesse" oder "wichtige Grundsatzfragen" öffentlich debattiert werden sollen, als erwägenswert" bezeichnet.[1]

Bereits bisher kann jeder Ausschuß in einer "öffentlichen Anhörung", auch Hearing genannt, Gutachten und Stellungnahmen von Experten bzw. Verbandsvertretern, die nicht dem Parlament angehören, in seine Arbeit einbinden, was seit 1966 verstärkt praktiziert wird.[2]

Durch die geringe Mitgliederzahl und Fachwissen ist im Ausschuß die Möglichkeit eines echten Dialogs gegeben. Auch Meinungsänderungen und gelegentliches Abweichen einzelner Abgeordneter von der Fraktionslinie können im Ausschuß ohne Furcht vor Sanktionen gewagt werden. Im allgemeinen wird auch im Ausschuß die Fraktionsdisziplin spürbar, was bei wesentlichen Punkten zu einem geschlossenen Votieren führt. Für Parlamentsneulinge bzw. für wenig prominente Abgeordnete[3] stellt der Ausschuß ein Forum dar, in dem diese - von der Öffentlichkeit jedoch weitgehend unbemerkt - Fachwissen und Engagement einbringen können.

Auch im Ausschuß läßt sich eine Hierarchie feststellen. An der Spitze stehen Ausschußvorsitzender und Stellvertreter, die mit Hilfe der GOBT für Einhaltung der Ordnung sorgen, dann folgen Fraktionsvorstandsmitglieder oder Leiter von Unterausschüssen, altgediente Parlamentarier, dann erst kommen die weiteren Abgeordneten.

---

1) Aus Politik und Zeitgeschichte 6/85, S. 8
2) 1. WP 0 Anhörungen, 2. WP: 1, 3. WP: 1, 4. WP: 6, 5. WP: 58, 6. WP: 80, 7. WP: 76, 8. WP: 70 (WP = Wahlperiode) entn.: P. Schindler: Datenhandbuch zur Geschichte des Deutschen Bundestages 1949 bis 1982, Baden-Baden 1984, S. 604
3) vgl. U. Dübber: Neunzig Prozent ohne Resonanz. In: H. Klatt (Hrsg.): Der Bundestag im Verfassungsgefüge der Bundesrepublik Deutschland. Bonn 1980, S. 149ff.

1.2.2. Der intrafraktionelle Dialog

1.2.2.1. In der Fraktionsversammlung

"Die Fraktionen sind dagegen keine Organe des Bundestages, da sie von ihm weder eingesetzt werden noch Aufträge oder Weisungen erhalten; sie sind vielmehr von der Organisationsgewalt des Bundestages unabhängige Vereinigungen von Mitgliedern des Bundestages, die sich zur gemeinsamen Verfolgung politischer Ziele zusammengeschlosssen haben."[1)]

Diese Definition H. Trossmanns läßt sich auch auf die Landtagsfraktionen übertragen. Die erhebliche Bedeutung, die den Fraktionen zukommt, wird bei einem Studium der Geschäftsordnungen von Bundestag bzw. Landtagen und den Fraktionsgeschäftsordnungen unschwer sichtbar. Für zahlreiche Initiativen ist Fraktionsmindesstärke erforderlich und einige Rechte dürfen nur von den Fraktionen wahrgenommen werden, z.B. die Benennung der Vertreter für Ausschuß oder Ältestenrat. Zudem ist jeder Abgeordnete Mitglied einer Fraktion, vorausgesetzt er trennt sich nicht während der Legislaturperiode von seinen Parteifreunden.

Ein gewichtiger Bestimmungsfaktor des innerfraktionellen Dialogs ist die Größe der Fraktion. Das Quorum für die Fraktionsbildung beträgt im Bundestag 5 vom Hundert der Abgeordneten[2)] - das sind bei 518 MdBs 26 - und im bayerischen Landtag mindestens 10 Abgeordnete.[3)] Die FDP verfehlte bei der bayerischen Landtagswahl 1974 das Quorum

---

1) H. Trossmann, zit. nach: P. Schindler (Hrsg.): Datenhandbuch ... 1949-1984, a.a.O., S. 231
2) GOBT § 10/1
3) GOBL § 7

und konnte daraufhin nur eine Gruppe bilden, der weniger Rechte zustanden als einer Fraktion.

Die aktuellen Fraktionsstärken im Bundestag bzw. im Bayerischen Landtag ermöglichen einige Konklusionen.

Bundestag (X.)			Bayerischer Landtag (XI.)	
CDU/CSU	242	+ 11(Berlin)	CSU	128
SPD	193	+ 9	SPD	61
FDP	34	+ 1	Grüne	15
Grüne	26	+ 1		
fraktionslos	3	(Bastian/Handlos/Voigt)		

Im Bundestag stellt die Fraktionsgemeinschaft zwischen der nur in Bayern kandidierenden CSU und der außerhalb Bayerns kandidierenden CDU eine Besonderheit dar. Die CSU-Landesgruppe organisiert sich aber wie eine Fraktion mit Vorsitzendem und Vorstand, dokumentiert auf diese Weise Parteiautonomie auf Bundesebene und bereitet sich intensiv auf Sitzungen der gemeinsamen Fraktion vor.

Eine annähernd symmetrische Kommunikation erscheint nur in den kleinen Fraktionen praktikabel. Bei den großen Fraktionen werden die Dialoge ähnlich wie im Plenum von privilegierten Sprechern und von der Fraktionselite bestimmt. Dieter Lattmann berichtet von seinem ersten Auftritt in der SPD-Fraktion des Deutschen Bundestages: "Als ich zum erstenmal vor der Fraktion sprach, ... redete ich mich beinahe um Kopf und Kragen. Ich konnte die ungeduldige Bereitschaft der Fraktion zum Zuhören einfach noch nicht ermessen. Während ich redete und Weltkenntnis erkennen lassen wollte, zog mich zum Glück einer am Rockschoß zurück. Nach dieser Erfahrung schwieg ich ein weiteres halbes Jahr und bemühte mich, den gruppendynamischen Mechanismus aus Mandatsverästelungen, Hintergründen, Empfindlichkeiten und Sturheit zu begreifen."[1)]

---

1) D. Lattmann, a.a.O., S. 18

Das günstige Verhältnis von verfügbarer Zeit und Anzahl der Abgeordneten gestattet relativ häufige Sprecherwechsel und einen hohen Partizipationsgrad am innerfraktionellen Dialog.

Allerdings bereitet der Erwerb der nötigen Fachkompetenz auf allen Gebieten - besonders während der Sitzungswochen unter Entscheidungszwang und Zeitdruck - den kleinen Fraktionen erhebliche Schwierigkeiten. Die Arbeitsaufteilung kann nur zwischen wenigen Personen - FDP 35, Grüne 27 - erfolgen, während sich die großen Fraktionen intensiv spezialisieren können. So gehört der grüne, nachgerückte Abgeordnete Dr. Schierholz dem Petitionsausschuß, dem Ausschuß für innerdeutsche Beziehungen und dem Ausschuß für Forschung und Technologie als ordentliches Mitglied an. Innerhalb der Fraktion finden sich für die ein bis drei Ausschußvertreter nur wenige fachkompetente und informierte Gesprächspartner, so daß die eigentliche Diskussion weitgehend auf die autonomen Arbeitskreise bzw. Arbeitsgruppen beschränkt bleibt.
Diese Defizite versucht man durch den Ausbau des Fraktionshilfsdienstes durch Einladungen von der Partei nahestehenden Experten oder Betroffenen und durch programmatische Schwerpunktbildung auszugleichen.

Zwar sind sich die Mitglieder einer Fraktion wegen ihrer Zugehörigkeit zur gleichen Partei in Grundpositionen weitgehend einig, dennoch bestehen bei den meisten Sachproblemen Meinungsunterschiede. Die einzelnen Gruppen bzw. Flügel einer Fraktion werben um Mehrheit. Schäfer, ein erfahrener Parlamentarier, beschreibt diesen Prozeß folgendermaßen:
"Fraktionssitzungen sind die freiesten Aussprachen die es gibt. Wer sich nicht zu Wort meldet oder wer seinen Standpunkt nicht mit Geschick und Hartnäckigkeit vertritt, der wird unterliegen. ... Es kämpfen meist die Experten

der verschiedenen Richtungen. Geleitet wird die Auseinandersetzung durch den Fraktionsvorsitzenden, der entweder einen Vorschlag des Vorstandes dazu vorträgt oder die Entscheidung offenläßt. Die Debattierenden kämpfen darum, die Mehrheit der Fraktion von der Richtigkeit ihres Vorbringens zu überzeugen. Aus den Reihen der Fraktionsmitglieder, die in dieser Frage nicht zu Experten gehören, werden zunächst Fragen gestellt, um die Materie weiter zu klären ..."[1)]

Hat sich die Fraktion jedoch mehrheitlich geeinigt, so tragen die überstimmten Abgeordneten meist loyal den Majoritätsentscheid mit und votieren im Parlament geschlossen, um die parlamentarische Handlungsfähigkeit der Fraktionen - vor allem der Regierungsfraktionen - nicht zu gefährden. Dieses Verhalten wird je nach Perspektive unterschiedlich bewertet als Fraktionszwang, Fraktionsdisziplin[2)], Fraktionssolidarität[3)] und Fraktionstreue[4)]. Allerdings müssen Dissenter dabei ins Kalkül ziehen, daß ihnen ihre Fraktion erst Mitgestaltungsmöglichkeiten bietet, was sich an der marginalen Bedeutung und den begrenzten Möglichkeiten fraktionsloser Abgeordneter verfolgen läßt. Das Spannungsverhältnis von GG Art. 38/1 (Abgeordnetenfreitheit) und dem GG Art. 21 (Mitwirkung der Parteien bei der politischen Willensbildung) wird vor allem von der ad-hoc-Kommission Parlamentsreform erneut diskutiert.

---

1) F. Schäfer: Der Bundestag, Opladen 1977[3], S. 49
2) H.-H. Kasten: Möglichkeiten und Grenzen der Disziplinierung des Abgeordneten durch seine Fraktion. In: ZParl 4/85, S. 475ff.
3) vgl. F. Schäfer, a.a.O., S. 150
4) vgl. G. Lang: Die Stellung der Fraktionen im Bayerischen Landtag. In: Parlamentarismus und Föderalismus - Festschrift für Rudolf Hanauer hrsg. von H. Rosenbauer/ V. Gabert, München 1978, S. 93

Durch den Dialog in der Fraktion werden viele politische Vorhaben geklärt und vorbereitet. Die Fraktion bespricht den Wochenplan, verständigt sich mehrheitlich über inhaltliche, personale und taktische Maßnahmen, z.B. Beantragung von Anfragen, Abänderungsanträge, Einbringen von Gesetzesentwürfen, Festlegung der Redner bei Plenardebatten, Aufträge an Arbeitskreise. Dabei leisten den Fraktionen - ähnlich wie die Ausschüsse dem Plenum - Arbeitskreise bzw. Arbeitsgruppen wertvolle Dienste.

Meist in den Fraktionssitzungen und nur ausnahmsweise öffentlich kritisieren die Abgeordneten der Mehrheitsfraktionen Amtsführung und Vorlagen ihrer Ministers, des Kanzlers bzw. Ministerpräsidenten, die trotz Ausübung eines Regierungsamtes Mitglieder ihrer Fraktion bleiben.

Koalitionsfraktionen müssen ihr parlamentarisches Vorgehen untereinander abstimmen, um mehrheitsfähig zu bleiben, was kleinen Koalitionsfraktionen - wie gegenwärtig der FDP im Bundestag - eine starke Position einräumt.

Öffentliche Fraktionssitzungen finden nur bei den Grünen statt. Die übrigen Fraktionen geben zwar ihre Ergebnisse durch Interviews bzw. Stellungnahmen an Journalisten weiter, der Willensbildungsprozeß jedoch verläuft hinter verschlossenen Türen.

Aus organisatorischen Gründen verfügen alle Fraktionen über Vorsitzende und einen Vorstand. Diese übernehmen neben den Koordinationsaufgaben auch Führungsaufgaben. Dem Vorstand gehören neben den Vorsitzenden, die Stellvertreter, die parlamentarischen Geschäftsführer und ein weiterer Personenkreis mit den Arbeitskreisleitern an. Die Organisation bei den Grünen hat sich der anderer Fraktionen angenähert. Ein geschäftsführender Fraktionsvorstand wurde durch einen erweiterten Fraktionsvorstand ergänzt, dem zusätzlich die Arbeitskreis-Sprecher angehören. Anstelle eines Vorsitzenden agieren drei Fraktionssprecher.

Für die großen Fraktionen sind die eigentlichen Entscheidungszentren "nicht die Fraktionsvorstände in ihrer Gesamtheit, sondern die Vorsitzenden und die Geschäftsführer. Sie bereiten die Sitzungen der Fraktionsvorstände der Sache und den Themen nach vor, so daß sich eine Ausweitung der Meinungsbildung dieses Kreises über den Fraktionsvorstand bis hin zu den Fraktionen ergibt. Die Fraktionsvorstände übernehmen dabei die Abschirmung vorbereiteter Entscheidungskonzepte in und gegenüber der Fraktion."[1)]

Die Fraktionssitzungen werden vom Vorstand und vom Vorsitzenden geleitet und mittels den Bestimmungen der Fraktionsgeschäftsordnung gesteuert.[2)] Bei den Grünen wird die Leitung der Fraktionssitzungen wechselweise von den Abgeordneten wahrgenommen.

Innerhalb einer Fraktion haben die dem Vorstand angehörigen Mitglieder, darunter auch die Arbeitskreisvorsitzenden und Ausschußvorsitzenden den höchsten Status. Auch innerhalb einer Fraktion muß man sich hochdienen.

"Die Wege gabeln sich in drei Richtungen in der Breite: rechts, Mitte oder links im Fraktionsmaßstab. Daneben gibt es eine Tiefenstapelung: Nachwuchs für vorne, Mittelbau oder Hinterbank. Natürlich ist das Koordinationssystem komplexer, aber es haben sich diese groben Zuweisungen entwickelt. Sind sie einmal ausgebildet, sei es

---

1) U. Lohmar: Das Hohe Haus. Stuttgart 1975, S. 154

2) Die Grünen arbeiten nur mit einer vorläufigen Fraktionsgeschäftsordnung.

durch Irrtum, kommt keiner mehr leicht von seiner Position herunter."[1]

Auch in diesem Punkt nehmen die Grünen eine Sonderstellung ein. Sie versuchen, der Entwicklung zu "Berufspolitikern" entgegenzutreten, sind jedoch von der zweijährigen Rotation mittlerweile abgerückt.

Eine Statusverteilung bzw. eine Fraktionshierarchie läßt sich in den kleinen Fraktionen zwar verringern, nicht jedoch vermeiden. Dies beklagt Hans Verheyen von den Grünen:
"An sich soll jedes Jahr eine Fraktionsführung her. Denn schon während eines Jahres ist festzustellen, daß sich Machtstrukturen, Kommunikationsstrukturen innerhalb der Fraktionsführung gestalten und daß einzelne Abgeordnete sogar in einer kleinen Fraktion wie der unseren ins Hintertreffen geraten, indem sie nicht mehr die Chance haben, bei dem Kommunikationsspiel mitzumischen. Das gleiche trifft bei uns für die Arbeitssprecher zu ... die Macht der Fraktionen kommt schließlich dadurch zustande, daß sich Oligarchien auf Dauer bilden."[2]

Die Fraktionen stellen entscheidende Parlamentsgliederungen dar, die politische Handlungsfähigkeit ermöglichen und garantieren. Sie regeln, kanalisieren, straffen und organisieren die kontinuierliche Willensbildung. Ohne diese Prozesse wäre das Parlament kaum entscheidungsfähig. Auch für den einzelnen Abgeordneten ermöglicht die Fraktion, bei Wahrung der Fraktionsdisziplin, Entlastung und gesteigerte Wirkungsmöglichkeit.

---

1) D. Lattmann, a.a.O., S. 18
2) Das freie Mandat im Parlament der Fraktion. In: ZParl 2/85, S. 252

1.2.2.2. In den Arbeitskreisen bzw. Arbeitsgruppen

Alle Fraktionen im Bundestag bzw. Bayerischen Landtag haben interne Arbeitskreise eingerichtet.[1] Im Bundestag bilden die CDU/CSU-Fraktion und die SPD-Fraktion erstmals in der 2. Wahlperiode Arbeitskreise. Die FDP zog in der 3. Wahlperiode nach. In der 9. Wahlperiode erweiterte und differenzierte die Unionsfraktion ihre Organisation. Aus 6 Arbeitskreisen entstanden 15 Arbeitsgruppen, seit 1982 sind es 17 Arbeitsgruppen.

Die Arbeitskreise von FDP/SPD/Grünen bzw. die Arbeitsgruppen der CDU/CSU-Fraktion sind homogene Gremien, die -ähnlich dem Verhältnis Ausschuß-Plenum - vorbereitende und empfehlende Funktion für die Fraktion besitzen und nicht öffentlich agieren.

Ein Arbeitskreis umfaßt meist die Sachgebiete mehrerer Ausschüsse, eine Arbeitsgruppe das Gebiet eines Ausschusses. Zur intensiven detaillierten Beratung einzelner Probleme kann auch eine weitergehende Differenzierung in informelle Subgremien erfolgen. Meist schließen sich dann die Abgeordneten einer Fraktion, die dem selben Ausschuß angehören, zu einer Arbeitsgruppe zusammen. Bei kleinen Fraktionen werden die Arbeitsgruppen durch wissenschaftliche Mitarbeiter der Fraktion unterstützt.

In den verschiedenen Arbeitskreisen bzw. Arbeitsgruppen treffen jeweils die Experten der Fraktion aufeinander, so daß tendenziell ein hoher Kompetenzgrad erreicht wird, der durch Zuarbeit der Fraktionshilfsdienste noch verstärkt wird.

---

1) Zur Entwicklung der Arbeitskreise vgl:
P. Schindler: Datenhandbuch ... 1949-1982, a.a.O., S. 280ff.

Kleinen Fraktionen stellt sich das Problem der Belastung ihrer Abgeordneten besonders, während große Fraktionen die Aufgaben und Zuständigkeiten auch in den Arbeitskreisen günstiger verteilen können. So hat zum Beispiel im X. Deutschen Bundestag die CDU/CSU-Fraktion 17 Arbeitsgruppen gebildet, die SPD und die Grünen verfügen über je 6 Arbeitskreise, die FDP über 5.

Arbeitskreise der Bundestagsfraktionen im Vergleich

GRÜNE:	I.	Haushalt, Wirtschaft, Finanzen
	II.	Arbeit und Soziales
	III.	Recht und Gesellschaft
	IV.	Abrüstung, Frieden, Internationales
	V.	Umwelt
	VI.	Frauenpolitik
SPD-Fraktion:	I.	Außen- und Sicherheitspolitik, innerdeutsche Beziehungen, Europa- und Entwicklungspolitik
	II.	Inneres, Bildung und Sport
	III.	Wirtschaftspolitik
	IV.	Sozialpolitik
	V.	Öffentliche Finanzwirtschaft
	VI.	Rechtswesen
CDU/CSU. (Arbeitsgruppen)	1.	Recht
	2.	Inneres
	3.	Wirtschaft
	4.	Ernährung, Landwirtschaft und Forsten
	5.	Verkehr
	6.	Post- und Fernmeldewesen
	7.	Raumordnung, Bauwesen und Städtebau
	8.	Finanzen

9. Haushalt
10. Arbeit und Soziales
11. Jugend, Familie und Gesundheit
12. Außenpolitik
13. Verteidigung
14. Deutschlandpolitik und Berlinfragen
15. Wirtschaftliche Zusammenarbeit
16. Forschung und Technologie
17. Bildung und Wissenschaft

zusätzlich finden regelmäßige Treffen folgender Gruppen statt:

- Gruppe der Frauen
- Arbeitnehmergruppe
- Diskussionskreis Mittelstand
- Gruppe der Vertriebenen- und Flüchtlingsabgeordneten
- Arbeitsgemeinschaft Kommunalpolitik

FDP

I. Außen- und Sicherheitspolitik, Deutschland-, Europa- und Entwicklungspolitik
II. Wirtschafts-, Finanz- und Agrarpolitik
III. Arbeits-, Sozial- und Gesundheitspolitik
IV. Innen- und Rechtspolitik
V. Bildung und Technologie

In den Arbeitskreisen bzw. Arbeitsgruppen wird die Fraktionsarbeit vorbereitet bzw. unterstützt und der parteiliche Beitrag zur Ausschußarbeit koordiniert.

Der Dialog in diesen Gremien erfüllt vor allem zwei Funktionen. Zum einen gewährleistet er eine Verknüpfung von Fraktions- und Ausschußarbeit, zum anderen dient er der Abstimmung politischer Vorhaben mit den jeweiligen Parteirichtlinien.

Der Sprachduktus ist als kritisch-loyal zu charakterisieren, d.h. Meinungsunterschiede können meist auf einen gemeinsamen Nenner gebracht werden. Dabei ist der Partizipationsgrad der einzelnen Arbeitskreisteilnehmer hoch.

Eine herausgehobene Stellung kommt dem Referenten bzw. Arbeitskreisleiter zu. Er referiert in der Fraktionsvollversammlung. Die Tätigkeit dieser Arbeitskreise und Arbeitsgruppen ist für die einzelnen Fraktionen genauso wertvoll und unverzichtbar, wie die Tätigkeit der Ausschüsse für das Plenum.

1.2.3. Zusammenfassung

Die Matrix Abb. 2 soll vier parlamentarische Dialogkonstellationen in Grundzügen skizzieren.

Dabei sind die einzelnen Sprachsituationen nicht isoliert voneinander zu verstehen, sondern eher in permanenter Interdependenz. Berichterstattungen und Empfehlungen der Ausschüsse/Arbeitskreise präformieren den Dialog im Plenum/in den Fraktionen bzw. fließen als Grundlage in deren Beschlüsse ein, während andererseits durch die Überweisung von Vorlagen an die Ausschüsse bzw. Arbeitskreise deren Verhandlungen vorstrukturiert werden. Dabei verflechten sich der interfraktionelle Kreislauf zwischen Plenum und Ausschüssen und die intrafraktionellen Kreisläufe zwischen Fraktionen und deren Arbeitskreisen bzw. Arbeitsgruppen. Die Ausprägung des parlamentarischen Dialogs und die damit korrespondierende Praxis der Regulierung sind von der jeweiligen Konstellation der Gremien abhängig. So beeinflussen beispielsweise Homogenität,

		Plenarsitzung	Ausschußsitzung	Fraktionssitzung große Fraktion	Fraktionssitzung kleine Fraktion	Arbeitskreissitzung
STRUKTUR	heterogen	X	X			
	homogen			X	X	X
GRÖSSE DES GREMIUMS	eher groß	X		X		
	eher klein		X		X	X
KOMPETENZ DER GREMIEN	kompetent		X			X
	partiell kompetent	X		X	X	
SPRACHDUKTUS	eher oppositiv-rhetorisch	X				
	eher oppositiv-sachlich		X			
	eher kritisch-loyal			X	X	X
FUNKTION	vorarbeitend-zuarbeitend-empfehlend		X			X
	entscheidend-beschließend	X		X	X	
ÖFFENTLICHKEIT	öffentlich	X	X[1)]		X	
	nicht öffentlich		X	X	X	X
PARTIZIPATION	relativ hoch		X		X	X
	relativ niedrig	X		X		
STATUSVERTEILUNG	eher gleichberechtigt		X		X	X
	eher hierarchisch	X		X		

Abb. 2: Matrix parlamentarischer Dialogkonstellationen

1) Der Bayerische Landtag stellt hier eine Ausnahme dar. Seine Ausschüsse verhandeln öffentlich.
Im Gegensatz zu den ständigen Ausschüssen des Bundestages tagen Untersuchungsausschüsse öffentlich.

Öffentlichkeit der Sitzung, Eindeutigkeit der Mehrheitsverhältnisse und nicht zuletzt die Teilnehmerzahl (in bezug auf Überschaubarkeit und Partizipationsmöglichkeit) den Verlauf einer Sitzung.

Eine zur Zeit beobachtbare Herausforderung erfährt der parlamentarische Dialog durch die Grünen, wobei abzuwarten bleibt, ob die im Moment sich anbahnende Integration trotz diverser abweichender Mechanismen vollzogen werden kann.

Im nächsten Kapitel wird das Instrumentarium der Regulative näher untersucht. Das Augenmerk wird dabei sowohl auf schriftlich fixierte Bestimmungen gerichtet, als auch auf parlamentarische Rituale, mit denen u.a. versucht wird, Einhaltung der Minderheitsrechte zu gewährleisten, Obstruktion zu verhindern, zeitliche und inhaltliche Koordination zu ermöglichen, für Einhaltung parlamentarischer Spielregeln und die Schaffung neuer notwendiger Regeln zu sorgen.

2. Regulative des parlamentarischen Dialogs

Wenn jeder Abgeordnete jederzeit, zu jedem Thema unbegrenzt reden könnte, wäre die Funktionsfähigkeit des Parlaments stets gefährdet. Zahlreiche Spielregeln strukturieren und ermöglichen den parlamentarischen Dialog in seinen vielfältigen Ausprägungen. Wer sich im Plenum wann, wie lange, zu welchem Thema und mit welchen Aussagen äußern darf, wird durch eine mehrschichtige Verfahrensregelung entschieden.

Der französische Kultursoziologe Michel Foucault beschäftigte sich in seiner Inauguralvorlesung am College du France mit den gesellschaftlichen Prozeduren zur Kontrolle des Diskurses, wobei er voraussetzt, "... daß in jeder Gesellschaft die Produktion des Diskurses zugleich kontrolliert, selektiert, organisiert und kanalisiert wird - und zwar durch gewisse Prozeduren, deren Aufgabe es ist, die Kräfte und die Gefahren des Diskurses zu bändigen, sein unberechenbar Ereignishaftes zu bannen, seine schwere und bedrohliche Materialität zu umgehen."[1)]

Neben äußerlichen Prozeduren mit Ausgrenzungsfunktion - z.B. Verknappung der sprachlichen Gegenstände durch Tabu, Verbot - und internen Prozeduren mit Klassifikations-, Anordnungs- und Verteilungsfunktion kennt Foucault eine dritte Gruppe von Prozeduren. Dieser dritte Bereich betrifft m.E. den parlamentarischen Dialog besonders intensiv:
" Es gibt, glaube ich, eine dritte Gruppe von Prozeduren, welche die Kontrolle der Diskurse ermöglichen ... Es geht darum, die Bedingungen ihres Einsatzes zu bestimmen, den sprechenden Individuen gewisse Regeln aufzuerlegen und so zu verhindern, daß jedermann Zugang zu den Diskursen hat: Verknappung diesmal der sprechenden

---

1) M. Foucault: Die Ordnung des Diskurses, München 1974, S. 7

Subjekte. Niemand kann in die Ordnung des Diskurses eintreten, wenn er nicht gewissen Erfordernissen genügt, wenn er nicht von vornherein dazu qualifiziert ist. Genauer gesagt: nicht alle Regionen des Diskurses sind in gleicher Weise offen und zugänglich; einige sind stark abgeschirmt ..."[1)]

Überträgt man die Thesen Foucaults auf den parlamentarischen Prozeß, so lassen sich auch im parlamentarischen Dialog regulierende Prozeduren feststellen.

Das politisch-parlamentarische Sprechen wird durch verschiedenartige Regelsysteme geordnet. Neben schriftlich fixierten Regelsystemen - Verfassung, Grundgesetz und Verfassungsgerichtsentscheidungen, Gesetze, Geschäftsordnungen, Fraktionsordnungen - bestimmen praktizierte Rituale und Gewohnheiten den parlamentarischen Dialog.

In der Hierarchie der Rechtsnormen nehmen Verfassungen und Gesetze parlamentsrechtlich verbindlichen Rang ein, während Geschäftsordnungen als autonome Satzungen mit intraparlamentarischer Gültigkeit den Verfassungen unterzuordnen sind.

Trotz dieser Unterordnung weisen sie eine eigene Wertigkeit auf. Geschäftsordnungen sind nicht nur von den Verfassungen vorgeschrieben, sondern sie regulieren die parlamentarische Praxis erheblich engmaschiger und konkreter als die Verfassungsbestimmungen.

Zusätzlich kanalisieren Rituale den Dialog innerhalb des Parlaments, aber auch im präplenaren Bereich durch Praktiken, die nicht oder zumindest nicht im Detail fixiert sind - beispielsweise die Regieführung der Fraktionsgeschäftsführer.

---

1) ders., a.a.O., S. 25f.

Die Fülle und Dichte der Regelsysteme engen die Wirkungsmöglichkeiten des einzelnen Abgeordneten erheblich ein, was Dieter Lattmann aus eigener Erfahrung folgendermaßen beschreibt:
"Wer erwartet, als Neuling im Parlament rasch eine Spur zu ziehen, muß erfahren, wie stumpf seine Instrumente sind. Das Netz aus festgezurrten Vorgaben, die er nicht beeinflussen kann, federt ihn ab. Im Regelfall braucht er ein Jahr, um herauszufinden, was sich wo befindet, wie die Stellwerksfunktionen verteilt sind."[1]

2.1. Verfassungsbestimmungen in Bund und Ländern

Das Grundgesetz und alle Länderverfassungen enthalten Abschnitte mit Bestimmungen über das jeweilige Parlament. Formal betrachtet fallen zwei Phänomene auf: die unterschiedliche Placierung innerhalb der jeweiligen Verfassung und die Quantität, d.h. unterschiedliche Anzahl der einzelnen Artikel.

GG	Art. 38 - 48
BaWüVerf.	Art. 27 - 44
Bay Verf.	Art. 13 - 33
BerlVerf.	Art. 25 - 39
Bre Verf.	Art. 75 -106
Ham Verf.	Art. 6 - 32
Hes Verf.	Art. 75 - 99
Nied.s.V.	Art. 3 - 18
N.-W. V.	Art. 30 - 50
Rh-Pf. V.	Art. 79 - 97
Saarl. V.	Art. 65 - 85
Schl.H. V.	Art. 9 - 20

1) D. Lattmann: Die lieblose Republik. Frankfurt/M. 1984, S. 13

Dabei zeigt sich eine Präferenz für die Kodifizierung der Parlamentsbestimmungen im vorderen Teil der Verfassung, was wohl als Indiz für die dem Parlament zugemessene Bedeutung interpretiert werden kann.

Selbstverständlich beziehen sich auch andere Teile der Verfassungen auf den plenaren Bereich, z.B. im GG die Abschnitte über Bundesrat, Gemeinsamen Ausschuß, Bundesregierung, Gesetzgebung, so daß der zahlenmäßig geringe Anteil von 10 Artikeln zum Bereich "Parlament" bzw. "Bundestag" dadurch etwas ausgeglichen wird.

Im folgenden sollen aus den o.a. Abschnitten wesentliche, kommunikativ relevante Aspekte der parlamentarischen Spielregeln, die in den Verfassungen juristisch verbindlich kodifiziert sind, herausgegriffen werden:

a) Gewissensfreiheit des Abgeordneten
b) Forderung einer Geschäftsordnung/der Wahl des Parlamentspräsidenten
c) Zitierrecht
d) Recht auf Anhörung
e) Öffentlichkeit der Verhandlungen
f) Mehrheitsprinzip

Dabei handelt es sich sozusagen um Rahmenbedingungen für die tieferdringenden und engmaschiger geknüpften Geschäftsordnungen der einzelnen Parlamente. Zu berücksichtigen ist ferner, daß die Verfassungen von Bayern und Hessen 1946, von Bremen, Rheinland-Pfalz und Saarland 1947 vor dem Grundgesetz (1949) entstanden, während sich die Verfassungstexte der anderen Länder am Grundgesetz orientieren konnten.[1)]

---

1) Dabei nimmt das Bundesland Baden-Württemberg insofern eine Sonderstellung ein, als in dessen territorialen Vorgängern Württemberg-Baden bereits 1946, in Baden und Württemberg-Hohenzollern jeweils 1947 nach Volksentscheid Verfassungen in Kraft traten. Die heutige Verfassung des neu gebildeten Landes Baden-Württemberg wurde erst 1953 in Kraft gesetzt.

2.1.1. Gewissensfreiheit der Abgeordneten

Das Grundgesetz legt in Art. 38/Abs. 1 Satz 2 fest:
"Sie (= die Abgeordneten des Deutschen Bundestages) sind Vertreter des ganzen Volkes, an Aufträge und Weisungen nicht gebunden, nur ihrem Gewissen unterworfen."

Die drei Elemente dieses Artikels
- Vertreter des ganzen Volkes
- an Aufträge und Weisungen nicht gebunden
- nur ihrem Gewissen unterworfen

tauchen in fast allen Länderverfassungen mit nahezu identischen Formulierungen wieder auf.[1)]

Die Bayerische Verfassung erläutert zusätzlich "Die Abgeordneten sind Vertreter des Volkes, nicht nur einer Partei." (BV 13/2) Bremen betont ergänzend die Pflicht der Gesetzesbeachtung und die Treuepflicht gegenüber der Hansestadt (BrV Art. 83).

Die Gewissensfreiheit der Abgeordneten wird in den Verfassungen Hessens und Nordrhein-Westfalens nicht expressis verbis festgehalten:
"Die Abgeordneten stimmen nach ihrer freien, durch die Rücksicht auf das Volkswohl bestimmten Überzeugung; sie sind an Aufträge nicht gebunden" (N.-W. V. Art. 30/2).

"Jedermann ist die Möglichkeit zu sichern in den Landtag gewählt zu werden und sein Mandat ungehindert und ohne Nachteil auszuüben." (HesV Art. 76)

Einzig die Berliner Verfassung verfügt nicht über einen adäquaten Artikel.

---

1) BayV Art. 13/2, BreV Art. 83, Rh.Pf.V Art. 79, Saarl.V. Art. 66/2, Ba-Wü.V Art. 27/3, HamV Art. 7, Schl.-H.V. Art. 9/2

Die in den o.a. Verfassungsartikeln dokumentierte Eigenständigkeit des Abgeordneten impliziert grundsätzlich auch ein autonomes Rederecht des einzelnen Parlamentarieres, das aber nicht gänzlich unbegrenzt bleibt. Vielmehr wird es durch die Geschäftsordnungen eingeschränkt, um die Funktionsfähigkeit des Parlaments - verwiesen sei hier z.B. auf Filibusterversuche - aufrechtzuerhalten. Dies läßt dem einzelnen Abgeordneten immer noch die Möglichkeit, von der Fraktionsmeinung abweichende bzw. in der parlamentarischen Diskussion noch nicht vertretene Meinungen einzubringen. Die wegen der Loyalität zur Fraktion selbstauferlegte bzw. akzeptierte Beschränkung durch Fraktionsordnung und Fraktionspraktiken intensivieren diese Redeschranken erheblich.

2.1.2. Geschäftsordnungsgebot und Wahl des Parlamentspräsidiums

Die Wahl eines Parlamentspräsidiums und die Einführung einer Geschäftsordnung sind dialogrelevante, wesentliche Aufträge aller Verfassungen, die meist zusammen in einem Artikel postuliert werden[1], z.B. im Art. 20 der Bayerischen Verfassung:

"1. Der Landtag wählt aus seiner Mitte ein Präsidium, bestehend aus einem Präsidenten, dessen Stellvertretern und den Schriftführern.
2. Zwischen zwei Tagungen führt das Präsidium die laufenden Geschäfte des Landtags fort.
3. Der Landtag gibt sich eine Geschäftsordnung."

---

1) GG Art. 40, BaWüV. Art. 32, Bay V. Art. 20, Ham V. Art. 18, Nieds.s. V. Art. 8, Nr.-W. V. Art. 38, Rh. Pf. V. Art. 85, Saarl. V. Art. 70, Schl.H. V. Art. 13 Berlin, Bremen und Hessen trennen die Forderungen: Berl. V. Art. 29 und Art. 28, Bre V. Art. 106 und 86, Hes V. Art. 99 und 84

Die Forderung einer GO ist insofern von Bedeutung, da der parlamentarische Dialog durch das System der Verfassungsbestimmungen zwar in seinem Rahmen abgesteckt, nicht jedoch hinreichend reguliert und organisiert werden kann. Konkrete, die parlamentarische Praxis steuernde Spielregeln - vor allem die Redeordnung - werden in den GOs festgehalten und ergänzen bzw. differenzieren die Verfassungsbestimmungen. In der Regel wird die alte Geschäftsordnung zu Beginn einer neuen Wahlperiode vom neuen Parlament übernommen. Ein schriftliches Regelwerk allein gewährleistet noch keinen effizienten parlamentarischen Dialog. Die Verfassungen verpflichten die Parlamentarier, als Schiedsgericht bzw. Spielleitung ein Parlamentspräsidium zu wählen, das neben der Ausübung des Hausrechts vor allem auf Einhaltung der Regeln achtet und gegebenenfalls Sanktionen - z.B. Wortentzug, Ausschluß aus dem Parlament - in die Wege leitet. Die Rolle des Parlamentspräsidenten im parlamentarischen Dialog wird in der Bremer Verfassung in Art. 92 ausführlich erörtert:
"Der Präsident eröffnet, leitet und schließt die Beratungen. Ihm liegt die Aufrechterhaltung der Ruhe und Ordnung sowohl in der Versammlung selbst als auch unter den Zuhörern ob ..."

2.1.3. Das Zitierrecht von Plenum und Ausschüssen

Die jeweiligen Regierungsmitglieder können in allen Parlamenten der Bundesrepublik zur Teilnahme vorgeladen werden und sind dann zur Anwesenheit verpflichtet. Dieses in den Verfassungen garantierte Recht[1] ermöglicht den

1) GG Art. 43/1, BayV Art. 24/1, BaWüV. Art. 34/1, Berl V. Art. 34/1, Bre V. Art. 98, Ham V. Art. 23/1 u. 32,. Hes. V. Art. 91, Nied.s.V. Art. 10/1, N.-W. V. Art. 45/2, Rh.Pf. V. Art. 89, Saar V. Art. 76/1, Schl.-Hol.V. Art. 16/1

Plena bzw. den Ausschüssen die Wahl des adäquaten, d.h. zuständigen und verantwortlichen Dialogpartners und somit die richtige Addressierung ihrer Belange. Vor allem den Experten in den Ausschüssen bieten diese meist höflich formulierten, aber verbindlichen Einladungen Kontrollmöglichkeiten der Exekutive.

Die Modi des Zitierrechts differieren in den einzelnen Ländern. Während der Bundestag und dessen Ausschüsse jedes Mitglied der Regierung zitieren können - analoge Regelung in Baden-Württemberg, Bayern, Berlin, Niedersachsen, Nordrhein-Westfalen, Rheinland-Pfalz und Saarland - ist in Schleswig-Holstein nur das Plenum berechtigt, die Präsenz des Ministerpräsidenten und der Minister zu beantragen. Die Ausschüsse können dagegen nur die Anwesenheit der Minister fordern.

In Hamburger Verfassung reglementiert - fast im Sinne einer Geschäftsordnung - sehr detailliert Auskunftspflicht und Aktenvorlage des Senats:
"Soweit dem Bekanntwerden des Inhaltes nicht gesetzliche Vorschriften oder das Staatswohl entgegenstehen, hat der Senat der Bürgerschaft, dem Bürgerausschuß und den von der Bürgerschaft eingesetzten Ausschüssen auf Verlangen Auskünfte zu erteilen sowie auf Verlangen eines Viertels der jeweils vorgesehenen Mitglieder Akten vorzulegen." (Ham. V. Art. 32)

2.1.4. Zutrittsrecht und Recht auf Gehör

Zutrittsrecht und Anhörungsrecht der Regierungsmitglieder korrespondieren mit dem Zitierrecht des Parlaments. In allen Verfassungen sind diese Pendants in einem Artikel zusammengefaßt.

"1) Der Bundestag und seine Ausschüsse können die Anwesenheit jedes Mitgliedes der Bundesregierung verlangen.

2) Die Mitglieder des Bundesrates und der Bundesregierung sowie ihre Beauftragten haben zu allen Sitzungen des Bundestages und seiner Ausschüsse Zutritt. Sie müssen jederzeit gehört werden." (GG, Art. 43)

Dieser Grundsatz-Artikel findet Entsprechungen in allen Landesverfassungen[1)], wobei Berlin und Bremen abweichen.

Die Bremer Verfassung bleibt reduziert auf das Zutrittsrecht der Senatsmitglieder und ihrer Beauftragten zu Sitzungen der Bürgerschaft und deren Ausschüsse (Bre V. Art, 98).

Die Berliner Verfassung gewährt in Art, 34/3 den Senatsmitgliedern ein Recht auf Gehör nur zu den Punkten der Tagesordnung. Abweichungen sind a) nur dem Reg. Bürgermeister und seinem Vertreter und b) nur vor Eintritt in die Tagesordnung gestattet.

Das Recht auf Gehör prägt den parlamentarischen Dialog, insbesondere die Plenardebatte, in erheblichem Maße. Dieses Redeprivileg ermöglicht Regierungsmitgliedern - im Bund auch Bundesratsmitgliedern - und deren Beauftragten, ihre Ansichten jederzeit[2)] ohne Redezeitbeschränkung, auch außerhalb der Tagesordnung im Plenum und in den Ausschüssen zu präsentieren.

---

1) Ba-Wü V. Art. 34, Bay V. Art. 24, Berl. V. Art. 34, Bre V. Art. 98, Ham V. Art. 23, Hess V. Art. 91, Nied.s. V. Art. 10, N.-W. V. Art. 45, Rh.-Pf. V. Art. 89, Saarl. V. Art. 76, Schl.-H. V. Art. 16

2) nicht jedoch während einer Abstimmung oder während der Rede eines Abgeordneten

2.1.5. Öffentlichkeit der Verhandlungen

Das Grundgesetz bestimmt in Art. 42/1:
"Der Bundestag verhandelt öffentlich. Auf Antrag eines Zehntels seiner Mitglieder oder auf Antrag der Bundesregierung kann mit Zweidrittelmehrheit die Öffentlichkeit ausgeschlossen werden. Über den Antrag wird in nichtöffentlicher Sitzung entschieden."

Auch dieses Reglement findet sich übereinstimmend in allen Landesverfassungen.[1)] Nur in Hamburg, Bremen und Berlin genügt die einfache Mehrheit zum Ausschluß der Öffentlichkeit.

Dieses Publizitätsgebot betrifft nur die Plenarveranstaltungen. Im Hinblick auf die Transparenz politischer Entscheidungen ist die Öffentlichkeit der Verhandlung notwendig. Die eigentliche Willensbildung bzw. Entscheidungsvorbereitung läuft jedoch erst in nichtöffentlichen Fraktionssitzungen ab, ehe im Ausschuß[2)] ebenfalls nichtöffentlich die Fraktionsmeinungen zum Kompromiß gebracht werden. Die Plenarveranstaltung stellt nur den öffentlich nachvollziehbaren Ausschnitt aus dem Entscheidungs- und Willensbildungsprozeß dar.

Die Öffentlichkeit ermöglicht den Vertretern von Presse, Funk und Fernsehen[3)] sowie räumlich bedingt einer be-

---

1) Bay V. Art. 22/1, Ba.-Wü V. Art. 33/1, Berl. V. Art. 22/1, Bre V. Art. 91, Ham V. Art. 21, Hess V. Art. 89, Nied.s. V. Art. 9/1, N.-W. V. Art. 42, Rh.-Pf. V. Art. 86, Saarl. V. Art. 72, S.-H. V. Art. 11
2) Eine Ausnahme bildet Bayern, das in BV 22/2 auch die Öffentlichkeit der Ausschüsse festhält.
3) P. Schindler, Datenhandbuch ... 1949-1982, a.a.O., S. 1036:

grenzten Anzahl von Besuchern[1] die direkte Beobachtung und Kontrolle des parlamentarischen Dialogs.

2.1.6. Mehrheitsprinzip

Parlamentarische Verhandlungen werden häufig durch verbindliche Entscheidungen abgeschlossen. Da Einstimmigkeit in größeren Gremien nur ausnahmsweise erzielt werden kann, erweist sich das Majoritätsprinzip dabei als wesentliches Instrument.

In allen Landesverfassungen[2] und im Grundgesetz ist das Mehrheitsprinzip als Entscheidungsregel fixiert: "Zu einem Beschlusse des Bundestages ist die Mehrheit der abgegebenen Stimmen erforderlich, soweit dieses Grundgesetz nichts anderes bestimmt ..." (GG 42/2)

In Verbindung mit dem Mehrheitsprinzip müssen aber zwei relevante Tatbestände berücksichtigt werden.

Zum einen schreiben die Verfassungen für wesentliche Fragen eine qualifizierte Mehrheit, d.h. eine 2/3-Mehrheit vor und erschweren dadurch Entscheidungen in diesen Bereichen. Das Grundgesetz fordert z.B. die 2/3-Mehrheit für den Ausschluß der Öffentlichkeit aus Sitzungen des Bundestages (GG Art. 42/1) oder für verfassungsändernde Gesetze (GG Art. 79/2).

Zum anderen bleiben die Grundrechte und die Strukturprinzipien der pluralen Demokratie grundsätzlich einer Abstimmung entzogen (GG Art. 79/3).

---

1) ebd.: Die Zahl der Besucher des Bundeshauses betrug jährlich meist über 200 000.
2) Bay V. Art. 23/1, Ba-Wü V. Art. 33/2, Berl. V. Art. 31/2, Bre V. Art. 90, Ham V. Art. 19, Hess V. Art. 88, Nied.s. V. Art. 9/2, N.-W. V. Art. 44/2, Rh.-Pf. V. Art. 88, Saarl. V. Art. 74/2, S.-H. V. Art. 12/1

2.2. Geschäftsordnungsbestimmungen

Neben den o.a. Verfassungsbestimmungen regelt die Geschäftsordnung den parlamentarischen Dialog. Sie wird zwar vom Parlament im Detail autonom gestaltet und beschlossen, ist dabei aber strikt an die Verfassungsbestimmungen bzw. GG-Bestimmungen gebunden.

Szmula betont zurecht, daß das Prinzip der parlamentarischen Autonomie stark durchbrochen sei:
"Nicht das Parlament bestimmt faktisch, wie es seinen Geschäftsgang ordnen will, sondern die Verfassung gibt ihm strukturelle und auch ins einzelne gehende Richtlinien für seine GO. Das Parlament füllt dann seinerseits dieses vom GG vorgegebene grobmaschige Netz mit detaillierten formellen und informellen GO-Bestimmungen."[1)]

Die GO ist nur intraparlamentarisch gültig, d.h. Nichtparlamentarier oder andere staatliche Institutionen sind durch sie nicht gebunden. Ihr kommt der Rechtsstatus einer 'autonomen Satzung' zu - dem Gesetzesrang untergeordnet.

Die Dauer einer GO ist auf eine Wahlperiode beschränkt; sie wird jedoch meist vom neu konstituierten Parlament übernommen.

Über die Auslegung der GO entscheidet im Einzelfall der Parlamentspräsident (gem. GOBT § 127/ GOBayL § 150), in Bayern bei Widerspruch von 20 Abgeordneten die Parlamentsmehrheit; generelle Auslegungen erfolgen durch das

---

1) V. Szmula: Geschäftsordnungen. In: K. Sontheimer/H. Röhring (Hrsg.): Handbuch des politischen Systems der Bundesrepublik Deutschland. München 1977, S. 228

Parlament nach Prüfung durch den Ausschuß für Wahlordnung, Immunität und Geschäftsordnung.

GO-Änderungen sind mit Mehrheitsbeschluß möglich, erfolgten bisher aber maßvoll und weitgehend konsensuell.

Im folgenden sollen die GOBT und exemplarisch für die Länder die GOBayL unter den Aspekten der personalen, prozeduralen und materialen Regulierung untersucht werden.

2.2.1. Der Ältestenrat

Dieses in der politischen Bildung nur wenig beachtete Organ bereitet parlamentarische Verfahrensabläufe vor, sorgt sozusagen für Drehbuch und Inszenierung des plenaren Geschehens. Schellknecht, Direktor beim Deutschen Bundestag, bezeichnet es als "zentrale Clearingstelle für alle Verfahrenswünsche der Fraktionen"[1], von Below nennt es zurecht "das wichtigste interfraktionelle Steuerungsorgan".[2]

Der Ältestenrat besteht aus dem Parlamentspräsidenten und seinen Stellvertretern und - proportional zur Sitzverteilung - aus den Vertretern der Fraktionen.[3]

---

1) Schellknecht: Große Meinungsvielfalt wird kanalisiert. In: Klatt, H. (Hrsg.): Der Bundestag im Verfassungsgefüge der Bundesrepublik Deutschland, Bonn 1980, S. 36

2) von Below, A.: Der Ältestenrat des Deutschen Bundestages. In: Konrad-Adenauer-Stiftung (Hrsg.): Die 'vergessene' Institutionen. Melle 1979, S. 346

3) GOBT § 6 insgesamt 23 Abgeordnete; GOBayL § 15 weist den Fraktionen für je 20 Mitglieder einen Sitz zu, mindestens aber einen

Aus dem Seniorenkonvent des Preußischen Abgeordnetenhauses hervorgegangen[1], erfüllt der Ältestenrat traditionell vor allem zwei Aufgaben, die in der GOBT § 6/2 festgehalten sind:
"Der Ältestenrat unterstützt den Präsidenten bei der Führung der Geschäfte. Er führt eine Verständigung zwischen den Fraktionen über die Stellen der Ausschußvorsitzenden und ihrer Stellvertreter sowie über den Arbeitsplan des Bundestages herbei. Bei der Wahrnehmung dieser Aufgaben ist der Ältestenrat kein Beschlußorgan."

Konkretisiert wird diese Arbeitsplanung in den GO-Bestimmungen des BT § 20/1 und § 35/1.[2]

Die Verständigungen über den Arbeitsplan beinhaltet sowohl eine langfristige Terminierung der Sitzungswochen, das Festlegen des Arbeitsrhythmus und der Wochenverteilung, das Aufstellen der jeweiligen Tagesordnungen, aber noch weitergehend auch gem. 35/1 "Gestaltung und Dauer der Aussprache über einen Verhandlungsgegenstand". Das bedeutet, daß in detaillierter Form auch Debattendauer[3] und Modus - Debattenrunden, Redezeitverteilung auf Fraktionen etc. - festgelegt werden.

Einerseits führt dies zur Entlastung des Plenums von Organisationsaufgaben - meist werden die Vorschläge des

---

1) zur Geschichte des Ältestenrats vgl.: von Below, A., a.a.O., S. 347f.; Kabel, R.: Ältestenrat - Bundestag von a - z, Bonn 1973, S. 12f.
2) Ähnliche Bestimmungen gelten auch für den Ältestenrat des Bayerischen Landtags. Vgl. GO BayL § 16/1 und 100/1
3) Seit Ende der 7. Wahlperiode kam es im BT zu einer strengen Kontingentierung der Debatten, deren Aufteilung gegenwärtig im X. BT folgendermaßen aussieht: 57,5 % Koalition: 33,33 % (SPD) und 9,17 % (Die Grünen) vgl. P. Schindler: Datenhandbuch ... 1980-1984, a.a.O., S 545

Ältestenrats angenommen - und von langwierigen GO-Diskussionen, zum anderen aber engt die Festlegung des Debattenverlaufs den Einfluß des Präsidenten auf den Ablauf ein.

Im Ältestenrat wird weitgehend entschieden, welche Gesetzesvorhaben in welchem Zeitraum zu welchem Zeitpunkt verhandelt werden. Insofern besitzt dieses Gremium neben der Koordinationsfunktion auch eine erhebliche politische Relevanz. Der Wunsch, diesem Organ anzugehören, ist daher bei den Abgeordneten verständlicherweise groß. Meist entsenden die Fraktionen neben den Geschäftsführern erfahrene Parlamentarier in den Ältestenrat. An den Sitzungen nimmt stets auch ein Kabinettsvertreter teil.

Einigen sich die Fraktionsvertreter im Ältestenrat nicht, so muß das Plenum über umstrittene Organisationsfragen mehrheitlich entscheiden.

2.2.2. Dialogrelevante Minderheitenrechte

Ein wesentliches Element einer Geschäftsordnung stellt die Sicherung von Minderheitenrechten dar, sofern dies nicht bereits im Grundgesetz bzw. in der Bayerischen Verfassung erfolgt ist.[1] Dadurch wird einer genau bestimmten Minorität - im Bundestag z.B. meist einer Fraktion bzw. einer interfraktionellen Gruppe in Fraktionsmindeststärke - ermöglicht, den Einfluß der Mehrheit zu begrenzen, Willkür zu vermeiden und "die Diktatur der Mehrheit über die Minderheit zu verhindern."[2] Die

---

1) z.B. GG Art. 39/3 bzw. BV Art. 17/2 ermöglichen jeweils einem Drittel des Parlaments die Einberufung des Bundestages; 1/4 der Abgeordneten des BT kann nach GG Art. 4471 die Einrichtung eines Untersuchungsausschusses fordern; gem. BV Art. 25/1 genügt dafür in Bayern bereits 1/5 der Parlamentarier
2) F. Schäfer, a.a.O., S. 75

Grenzen der Minderheitenrechte müssen andererseits dort gezogen werden, wo die Arbeit des Parlaments durch wenige Abgeordnete obstruiert werden könnte.

Die neue GO des Bundestages von 1980 hat in diesem Zusammenhang vor allem zwei auffällige Veränderungen gebracht. Zum einen handelt es sich dabei um einen Einflußzuwachs für die Fraktionen, denn das Quorum für Inanspruchnahme einiger Minderheitenrechte, die früher bereits einer kleinen Gruppe als 5 vom Hundert der Abgeordneten zustanden, wurde auf Fraktionsmindestgröße angehoben.[1] Zum anderen wurde der Begriff der 'Fraktion' in den Ausschußbereich eingeführt.[2]

Im folgenden seien einige wesentliche, in der GOBT bzw. GO BayL gesicherte Minderheitenrechte kurz aufgelistet.[3] Die GO BayL differenziert dabei: während bereits eine Fraktion, d.h. mindestens 10 Abgeordnete viele Minderheitenrechte wahrnehmen kann, ist das Quorum für interfraktionelle Gruppen bzw. fraktionslose Parlamentarier meist auf 20 Abgeordnete festgeschrieben, was die Inanspruchnahme der Rechte erheblich erschwert.

1) vgl. GOBT § 20/3, § 45/2, § 78/2, § 81/1, § 84
2) vgl. GOBT § 59/4, § 60/3, § 61/2
3) vollständigere Kataolge für Minderheitenrecht im Bundestag: vgl.: Troßmann/Roll: Parlamentsrecht des Deutschen Bundestages, Ergänzungsband, München 1981, S. 15ff.
oder: P. Schindler: Datenhandbuch ... 1980-1984, a.a.O., S. 747ff.

erforderliche Mindestzahl BT	BayL	Recht	Rechtsgrundlage GOBT	GO BayL
5 % der Abgeordneten bzw. Fraktionsmindesstärke	20 Abg. bzw. Fraktion	Stellen einer Großen Anfrage an die Regierung	75,76/1	68
dto	-	Forderung einer allgemeinen Aussprache in der ersten Beratung von Gesetzen	79	-
dto	1/3 plus 1	ebenso in der zweiten	81/1	55/2
dto	-	ebenso in der dritten, wenn in der zweiten keine Aussprache stattgefunden hat	84	-
dto	20 Abg. bzw. Fraktion	die Beratung der Antwort der Regierung bei großen Anfragen verlangen	101	69/3
dto	-	im Anschluß an eine Fragestunde zu einer Antwort der Bundesregierung eine Aktuelle Stunde verlangen	Anlage 5 zur GO, 1b	-
dto	20 Abg. bzw. Fraktion	Beantragen einer Aktuellen Stunde	Anlage 5 zur GO, 1c	75/1
dto	20 Abg. bzw. Fraktion	durch Widerspruch verhindern, daß Gegenstände, die nicht auf der Tagesordnung standen, beratenwerden	20/3	100/2
dto	1 Abg.	Bezweifeln der Beschlußfähigkeit	48/2	129/1

2.2.3. Funktion des Parlamentspräsidenten

Die GO weist dem Parlamentspräsidenten einen umfangreichen Aufgabenkatalog[1] zu. Er vertritt das Parlament nach außen, verfügt über das Hausrecht und die Polizeigewalt, ist Dienstherr der Parlamentsverwaltung und leitet Plenarsitzungen des Parlaments, Sitzungen des Ältestenrats und des Präsidium. In unserem Zusammenhang sei nur der letzte Aspekt herausgegriffen.

Vom Parlament mehrheitlich gewählt, werden dem Parlamentspräsidenten in Bonn mittlerweile vier Vertreter, in Bayern zwei zur Seite gestellt. Die Anzahl der Vizepräsidenten bleibt jedoch der Entscheidung des Plenums überlassen. Karl Carstens, selbst ehemaliger Bundestagspräsident, sieht in der Erweiterung des Präsidiums nicht nur Vorteile:
"Selbst bei bestem Willen ist eine ganz gleichmäßige Handhabung der geschäftsleitenden Aufgaben in den Plenarsitzungen durch verschiedene Personen nicht möglich. Unterschiede im Temperament, aber auch der parlamentarischen Erfahrung führen unweigerlich bei der Verängung von Ordnungsmaßnahmen oder Rügen, bei Hinweisen des Präsidenten auf die parlamentarische Übung, aber auch bei Zulassung von Fragen oder bei der Duldung von Überschreitungen der Redezeit zu einer unterschiedlichen Praxis. Je größer die Zahl der amtierenden Präsidenten ist, desto größer werden die Unterschiede, desto schwieriger wird die Herausbildung einer für die parlamentarische Arbeit insgesamt notwendigen einheitlichen Lenkungspraxis."[2]

---

1) GOBT § 7 und GO BayL § 12
2) K. Carstens: Die Stellung des Parlamentspräsidenten nach deutschem Parlamentsrecht. In: Rosenbauer/Gabert (Hrsg.): Parlamentarismus und Föderalismus, München 1978, S. 124

Die Stellung des Parlamentspräsidenten in der parlamentarischen Praxis erscheint nicht so souverän, wie die Fülle seiner Funktionen vermuten läßt. Sein Handlungsspielraum wird u.a. durch interfraktionelle Vereinbarungen eingeschränkt, daß Gundelach ihn provokant als "Gefangenen vieler Regeln und oftmals nur ausführendes Organ von Beschlüssen"[1] bezeichnet. Diese Interpretation erscheint jedoch überzogen und wird auch vom amtierenden Bundestagspräsidenten Jenninger abgelehnt (vgl. Anhang, Frage 2). Trotz begrenzter Machtbefugnisse verfügen Parlamentspräsidenten mit persönlicher Ausstrahlung über Ansehen und Einfluß in der Öffentlichkeit, im Plenum selbst und innerhalb ihrer Fraktionen. Die GOBT und die GO BayL beschreiben in zahlreichen Paragraphen Aufgabenbereiche des Präsidenten und seiner Stellvertreter. Dabei fordert expressis verbis GOBT § 7/1 vom Präsidenten eine gerechte und unparteiische Leitung der Verhandlungen, was ihn auch verpflichtet sich mit parteipolitischen Äußerungen zurückzuhalten. Er kann allerdings - was selten geschieht[2] - in die Debatte eingreifen, wenn er den Vorsitz an einen Vizepräsidenten abgibt.[3]

Als Schiedsrichter[4] achtet er auf Einhaltung der Spielregeln und auf Wahrung der Minderheitenrechte.

---

1) Gundelach: Der Bundestagspräsident. In: Konrad-Adenauer-Stiftung (Hrsg.): Die vergessenen Institutionen, Melle 1979, S. 311
2) P. Schindler: Datenhandbuch ... 1980-1984, a.a.O., S. 545 (Wortmeldungen der Bundestagspräsidenten)
3) GOBT § 27/1; GO BayL § 106
4) Die Metapher 'Schiedsrichter' wird häufig verwendet, u.a. von Borgs-Maciejwski: Parlamentsorganisation, Hamburg 1983, S. 49ff. oder Gundelach, a.a.O., S. 312

Aufgrund dieser von ihm erwarteten parlamentarischen Neutralität, und der Rolle als 'Hüter der GO und der Würde des Hauses' hält Troßmann[1] die Abberufung eines Präsidenten bzw. Vizepräsidenten durch das Parlament im Bundestag nicht für möglich, durchaus jedoch einen Rücktritt des Präsidenten bzw. eines Vizepräsidenten aus persönlichen Gründen, z.B. bei Verstrickung in außerparlamentarische Vorfälle wie im Fall Barzel.[2] Der Bayerische Landtag hat zwar eine Abberufung noch nie praktiziert, besitzt jedoch entsprechend GO BayL § 9/2 dazu die rechtliche Möglichkeit.

Als Schiedsrichter bzw. Moderator der parlamentarischen Verhandlungen verfügen die Präsidenten über einen ausreichenden Spielraum, wenngleich sie an die Geschäftsordnung und an interfraktionelle Vereinbarungen gebunden sind.[3]

Wesentliche Bestimmungen der GO werden im folgen katalogisiert.

Der Präsident	Rechtsgrundlage	
	GOBT	GOBayL
- eröffnet, leitet und schließt die Sitzung	22	99
- vertagt die Sitzung	26	129/3
- erteilt das Wort	27,29,30-32	102/1
- eröffnet die Aussprache	23	-
- bestimmt die Reihenfolge der Redner	28/1	102/1,3
- eröffnet die Aussprache wieder	44	127,108/4
- läßt persönliche Bemerkungen zu	31/32	110,111/1

1) Troßmann: Parlamentsrecht des Deutschen Bundestags, München 1977, S. 13ff.
2) allerdings ist diese Frage rechtlich umstritten; vgl. dazu: W. Härth: Abwählbar oder nicht? Der Parlamentspräsident und sein Amt. In: ZParl 4/85, S. 490ff.
3) vgl. Troßmann, a.a.O., S. 159ff.

	GOBT	GOBayL
- läßt Anträge zur GO zu	29	105
- kann Redezeit ggf. verlängern/ verkürzen	35/1,2 44/2 Anl. V/7	108/1
- entscheidet in Einzelfällen über die Auslegung der GO	127	150
- ruft zur Sache	36	117/1
- mahnt		108/2
- ruft zur Ordnung	36	118/1,119/1
- entzieht das Wort	35/3,37	108/2,117/1 119/2,120
- schließt aus (Redner/Zuhörer)	38/41,59/3	120,113/2, 118/2
- unterbricht die Sitzung	40	129/3,114 118/3,121/2 140
- vertagt oder schließt die Aussprache	25	104/1,100/4 140

Regierungsmitglieder, im Bund auch Bundesratsmitglieder unterstehen nicht der Ordnungsgewalt des Präsidenten.

Durch angemessene Anwendung dieses Instrumentariums zur Erhaltung der Ordnung ließ sich bisher ein meist ungestörter, effizienter und der Würde des Hauses entsprechender Sitzungsverlauf gewährleisten.

Recht treffend charakterisiert Gundelach den Parlamentspräsidenten. Er sei "trotz aller formellen Rechte und protokollarischer Würden nicht Herr des Parlaments, nicht Richter sondern Schiedsrichter der Auseinandersetzung. ... Der Präsident regiert nicht, er repräsentiert, er präsidiert und wacht über die Regeln."[1)]

---

1) Gundelach, a.a.O., S. 312

2.2.4. Redeordnung

Als Verfahrensgrundlage des parlamentarischen Dialogs im Plenum, aber auch in den Ausschüssen dient die Redeordnung. Im folgenden werden einige wesentliche Bestimmungen der GOBT und der GO BayL zu diesem Aspekt verglichen.

a) Wortmeldung und Worterteilung

Wortmeldungen der redewilligen Abgeordneten erfolgen laut GOBT § 27/1 bzw. GO BayL § 102/3 beim Schriftführer der Rednerliste, bzw. Wortmeldungen zur GO gemäß GOBT § 27/1, GO BayL 105/1 durch Zuruf zum Präsidenten.

GO BayL § 103/1 ermöglicht den Abgeordneten den Platz in der Rednerliste an einen Fraktionskollegen abzugeben. Die Wortmeldung verfällt gemäß § 102/4 GOBayL, wenn der Abgeordnete bei Aufruf sich nicht im Saal befindet. Die Anmeldung von Zwischenfragen erfolgt durch Gang zum Saalmikrofon und durch Zeichen.

Nur nach der Erteilung des Wortes durch den Präsidenten ist der Abgeordnete redeberechtigt (GO BayL § 102/1, GOBT 27/1). Diese Maxime parlamentarischer Verhandlungen gilt auch für die redeprivilegierten Regierungs- und Bundesratsmitglieder.

In Bayern muß das Wort für GO-Anträge 'unverzüglich' erteilt werden bzw. unmittelbar nach einer laufenden Rede (GO BayL § 105/2), im Bundestag 'vorrangig' (GOBT § 29/1).

Zur Abgabe von Erklärungen und persönlichen Bemerkungen erteilt der Präsident das Wort im allgemeinen nach Schluß oder Vertagung der Beratung (gem. GOBT § 30, 32; GOBayL

111/1). Im Bundestag hat jeder Abgeordnete gem. GOBT § 31 das Recht, vor der Abstimmung eine 5-minütige Erklärung zur Abstimmung abzugeben.

b) Reihenfolge der Redner

Im Bayerischen Landtag sprechen die Redner in der Reihenfolge ihrer Meldung; der Präsident kann aber abweichen "sofern es sachdienlich ist" (GO BayL § 102/1). Bei gleichzeitigen Meldungen entscheidet der Präsident über die Reihenfolge.

Im Bundestag bestimmt gemäß GOBT § 28/1 der Präsident die Reihenfolge der Redner. Dabei stellt ihm die GO folgende Richtlinien für seine Entscheidung zur Verfügung, die laut Troßmann "Sollvorschriften darstellen und die für den Präsidenten in unterschiedlicher Weise hilfreich"[1)] seien:
"Dabei soll ihn die Sorge für sachgemäße Erledigung und zweckmäßige Gestaltung der Beratung, die Rücksicht auf verschiedene Parteirichtungen, auf Rede und Gegenrede und auf die Stärke der Fraktionen leiten; insbesondere soll nach der Rede eines Mitgliedes oder Beauftragten der Bundesregierung eine abweichende Meinung zu Wort kommen." (GOBT § 28/1, 2).

Die Betonung von "Rede und Gegenrede" bzw. "abweichende Meinung zu Wort kommen lassen", sollen als Regulativa eine Kumulation von Reden der Regierungsfraktionen bzw. der Minister oder Bundesratsvertreter der Mehrheitsparteien verhindern.

Am Dialog kann sich auch der Präsident beteiligen, wenn er in dieser Zeit den Vorsitz abgibt. Im Ausschuß dagegen

---

1) Troßmann, a.a.O., S. 189

ist es nicht nötig, daß der jeweilige Vorsitzende bei Beteiligung den Vorsitz abgibt.

c) Rededauer und Schluß der Aussprache

Der 1980 wesentlich veränderte Paragraph 35/1 der GOBT beinhaltet folgende Regelung:
"Gestaltung und Dauer der Aussprache über einen Verhandlungsgegenstand werden auf Vorschlag des Ältestenrats vom Bundestag festgelegt."

In interfraktionellen Vereinbarungen werden häufig die Debatten präformiert, d.h. Tagesordnung, Zeitplan und Art der Debatte einvernehmlich festgesetzt. Das Plenum kann zwar mehrheitlich ändern, jedoch nach Eintritt in die Tagesordnung gelten die Abmachungen als festgestellt (vgl. GOBT § 20/2).

Meist entscheidet sich der Ältestenrat für Kurzdebatten zu einer oder zwei Runden; ausführliche Debatten mit fraktioneller Kontingentierung der Debattenzeit finden selten statt. Die weitere Aufteilung der Redezeit erfolgt innerfraktionell.

Falls der Ältestenrat sich nicht einigt und auch der Bundestag nichts anderes beschließt, besteht als Auffangregelung gemäß GOBT § 35/1 eine 15-Minuten-Begrenzung für den einzelnen Redner.

Jede Fraktion darf für einen Redner bis zu 45 Minuten in Anspruch nehmen. Eine 'lange' Rede ist somit für Abgeordnete nur als Fraktionsmitglied realisierbar.

Der Bayerische Landtag übernahm 1985 diese Bundestagsregelung in der neuen GOBayL § 108/1 fast wortgetreu. Eine Verlängerung der pro Fraktion einmaligen 45-Minuten-Rede liegt im Ermessen des Parlamentspräsidenten und ist im Bayerischen Landtag um bis zu 15 Minuten (GOBayL § 108/1), im Bundestag ohne zeitliches Limit möglich, "wenn der Verhandlungsgegenstand oder Verlauf der Aussprache dies nahelegt." (GOBT § 35/1).

In beiden Parlamenten entzieht der Präsident bei Redezeitüberschreitungen nach einmaliger Mahnung das Wort (GOBT § 35/3, GOBayL § 108/2).

In besonderen Fällen, d.h. wenn auf Vorschlag des Ältestenrats die Gesamtdauer einer Aussprache festgelegt wird, erhält im Bayerischen Landtag jede Fraktion eine gleiche Grundredezeit und entsprechend ihrer Stärke darüberhinausgehende Redezeit. Die Grundredezeit aller Fraktionen zusammen beträgt dabei die Hälfte der vereinbarten Gesamtredezeit. Die Verteilung der restlichen Redezeit kann im Ältestenrat zugunsten der Opposition abweichend vom parlamentarischen Stärkeverhältnis beschlossen werden (GOBayL § 109/1).

Für GO-Anträge bzw. persönlichen Erklärungen oder Bemerkungen sind im Bundestag 5 Minuten Redezeit vorgesehen, ebenso für die Beiträge zur Aktuellen Stunde.

Im Bayerischen Landtag gilt das 5-Minuten-Limit gem. § 105/3 GOBayL nur für "Bemerkungen zur GO", während die Begründung eines GO-Antrags auf höchstens 15 Minuten begrenzt ist (GOBayL § 105/4). Dabei werden auch nur 1 Redner pro und 1 contra den Antrag gehört; die Abgabe von Erklärungen (GOBayL § 111) bzw. persönlichen Bemerkungen (GOBayL § 110) sind zeitlich nicht auf 5 Minuten begrenzt.

Ein Instrument, das der Parlamentsmehrheit große Macht verleiht, jedoch kaum zur Anwendung kommt, ist die Möglichkeit, die Aussprache schließen zu können (GOBT § 25/2 oder GOBayL § 104/3). Dies ist jedoch erst realisierbar, wenn alle Fraktionen mindestens einmal zu Wort gekommen sind.

Bei Anwendung dieser GO-Bestimmung, die mehrheitlich durchgesetzt werden kann, werden die Redemöglichkeiten der einzelnen Abgeordneten aller Fraktionen erheblich reduziert.

Auch für die Ausschüsse gilt laut GOBT § 71/2 die Regelung auf Schluß der Aussprache, nachdem jede Fraktion und ggf. abweichende Meinungen zu Wort gekommen sind.

Bei fehlenden Wortmeldungen bzw. Erschöpfung der Rednerliste muß der Präsident die Aussprache schließen (GOBT § 25, GOBayL § 104/1). Dies ist nach Troßmann eine so einschneidende Maßnahme, daß sie einwandfrei erkennbar sein muß:
"Die Aussprache ist, wenn der Präsident sie ... eröffnet hat erst geschlossen mit der ausdrücklichen Erklärung dieses Inhalts. Erklärungen, es lägen keine Wortmeldungen vor oder nicht mehr vor, die Rednerliste sei erschöpft, man stünde am Ende der Aussprache, sind nur Erklärungen, die den Schluß der Aussprache ankündigen. Wortmeldungen sind nach solchen Erklärungen noch zulässig, bis der Präsident die Aussprache tatsächlich geschlossen hat."[1)]

Im Bundestag kann einer der Antragsteller - aber kein Mitglied der Regierung bzw. des Bundesrats, denn sonst würde die Debatte nach GOBT § 44 wiedereröffnet - nach Schluß der Aussprache ein Schlußwort beanspruchen (GOBT § 28/2).

---

1) Troßmann, a.a.O., S. 159

Der Berichterstatter hat jederzeit das Recht, sich zu Wort zu melden.

Obwohl auch die GOBayL § 108/4 die Wiedereröffnung der Debatte vorsieht, falls ein Beauftragter der Staatsregierung nach Ablauf der Rednerliste zum Gegenstand das Wort ergreift, so schränkt sie im Gegensatz zur GOBT in § 108/4 ein:
"Eine Wiedereröffnung findet nicht statt, wenn die Statsregierung
a) bei der Beratung der Haushalte der einzelnen Ressorts und des Gesamthaushalts zusammenfassend Stellung nimmt,
...
c) bei der Beratung einer Regierungserklärung des Ministerpräsidenten zusammenfassend Stellung nimmt."

Aufgrund dieser Bestimmungen kann die Regierung - im Gegensatz zur Regelung im Bundestag - ohne Möglichkeit der Opposition zur Erwiderung in manchen Fällen das "Schlußwort" in Anspruch nehmen.[1)]

d) Sanktionsmaßnahmen

Für Abgeordnete, die sich nicht an die Redeordnung halten, können in der GO festgesetzte Sanktionen ergriffen werden, z.B. Sach- und Ordnungsruf, Rüge, Entzug des Wortes, befristeter Ausschluß aus dem Parlament.

Wer ohne Worterteilung redet, wird gerügt, im Wiederholungsfall zur Ordnung gerufen (GOBayL § 118/1). Der Parlamentspräsident ruft einen Abgeordneten zur Sache, wenn er vom Verhandlungsgegenstand abweicht (GOBT § 36, GOBayL § 117). Laut GOBayL § 119/1 sind persönlich verletzende

1) Dieses Privileg der Regierung war früher erheblich ausgeweitet. Die bis 1985 gültige GOBayL hatte in § 128/3 noch die Wiedereröffnung der Aussprache untersagt "Wenn die Staatsregierung ...c, bei der Beratung von Gesetzentwürfen das Wort ergreift."

Ausführungen oder Zwischenrufe oder eine gröbliche Störung der Ordnung zu rügen; im Wiederholungsfall ist zur Ordnung zu rufen. Der GOBT § 36 gestattet es dem Präsidenten bei Verletzung der Ordnung sofort zur Ordnung zu rufen.

Nach dreimaligem Rufen zur Sache oder zur Ordnung muß der Präsident im Bundestag das Wort entziehen (GOBT § 37), während in Bayern der Landtag auf Frage des Präsidenten beschließt, ob dem Redner das Wort entzogen wird (GOBayL § 117/1).

Bei Ordnungsrufen muß der Bundestagspräsident ebenfalls beim dritten mal das Wort entziehen; der Bayerische Landtagspräsident kann bereits nach dem zweiten mal das Wort entziehen und den Abgeordneten aus der Sitzung ausschließen (GOBayL § 120, GOBT § 38).

Überschreitet ein Abgeordneter die ihm zugestandene Redezeit, so soll ihm der Präsident nach einmaliger Mahnung das Wort entziehen (GOBT § 35/3 , GOBayL § 108/2).

Im Bayerischen Landtag kann allerdings der von sofortiger Wortentziehung betroffene Redner - was im Bundestag nicht möglich ist - Einspruch erheben und das Plenum über die Berechtigung des Einspruchs entscheiden lassen (GOBayL § 122).

Bei Unruhen im Haus kann der Präsident durch Verlassen seines Stuhles die Sitzung unterbrechen (GOBayL § 114, GOBT § 40); in Bayern 1/2 Stunde lang, im Bundestag unbegrenzt.

e) Zum Modus der Rede

Die Redner sprechen laut GOBT § 33, 34 und GOBayL § 107 grundsätzlich in freiem Vortrag vom Rednerpult, bzw. vom Saalmikrofon aus. Aufzeichnungen dürfen benutzt werden "zur Stützung des Gedächnisses" (GOBayL § 107/1).

Im Landtag können nur von Regierungsmitgliedern Schriftsätze verlesen werden (GOBayL § 107/3), die Verwendung weiterer Hilfsmittel muß vom Ältestenrat genehmigt werden (GOBayL § 107/2).

Kurze, präzise Zwischenfragen dürfen in einer Aussprache gestellt werden, wenn sie der Redner auf Anfrage des Präsidenten gestattet (GOBT §27/2, GOBayL § 116/2).

Zwischenrufe sind laut GOBayL § 115 gestattet, wenn der Redner seine Gedanken ungehindert aussprechen kann bzw. wenn sie nicht persönlich beleidigend sind (GOBayL § 119/1).

Im Bundestag ist das Recht auf Zwischenrufe nicht in der GO fixiert. Jedoch bestimmt GOBT § 119, daß Zwischenrufe Bestandteil des Plenarprotokolls werden, wenn sie nicht mit Zustimmung des Präsidenten und der Beteiligten gestrichen werden, und daß sie noch in der nächsten Sitzung gerügt werden können, wenn sie dem Präsidenten entgangen waren.

2.3. Parlamentsbräuche als Regulative

Durch die o.a. Regulative wird bereits ein recht engmaschiges Netz über den parlamentarischen Dialog gelegt. Die Unmöglichkeit, alle Eventualitäten einer politisch-parlamentarischen Auseinandersetzung vorauszusehen und zu kanalisieren, haftet selbstverständlich den Verfassungen und auch der Geschäftsordnung, sowie jedem anderen Gesetzestext an. Daher existiert noch eine Reihe von praktizierten Ritualen und Gewohnheitsrechten nicht-kodifizierter Art, die die schriftlichen Bestimmungen ergänzen. Solche ungeschriebenen Regeln gehen gelegentlich GO-Änderungen voraus, bzw. verhelfen zu einer Modifikation der GO-Bestimmungen, um die parlamentarische Praxis flexibel und praktikabel zu gestalten.

2.3.1. Konstituierungsrituale

Die konstituierende Sitzung muß innerhalb eines bestimmten Zeitraums stattfinden, z.B. im Bundestag 30 Tage nach Wahl spätestens (GG 39/2), im Bayerischen Landtag spätestens 15 Tage nach der Wahl (BV 16/1).

Gemäß GOBT § 1 Abs. 2 und GOBayL § 1 Abs. 2 führt das älteste Mitglied des Parlaments die Sitzung bis zur Amtsübernahme. In Bayern werden als vorläufige Schriftführer gemäß GOBayL § 1 Abs. 2 die zwei jüngsten Abgeordneten ernannt, im Bundestag wird meistens durch eine interfraktionelle Absprache die Zahl der vorläufigen Schriftführer festgelegt.

Zu diesen schriftlichen Regelungen treten einige Praktiken. Die stärkste Fraktion - auch wenn sie nicht Regierungspartei ist - schlägt den Parlamentspräsidenten vor, der bisher von den anderen Fraktionen akzeptiert wurde, was die meist hohen Abstimmungsergebnisse von über 75 % der Stimmen anzeigen.[1]

Dieser Brauch hat sich bisher gegen alle Mehrheiten durchgesetzt, wenn auch einmal drei Wahlgänge erforderlich waren.[2]

Auch die Wahl der Vizepräsidenten des Bundestags, deren Zahl in GOBT nicht festgelegt ist, erfolgte aufgrund interfraktioneller Vereinbarungen meist offen und in einem Wahlgang, obwohl die GOBT in § 2 getrennte Wahlhandlungen mit verdeckten Stimmzetteln vorsieht. Ausnahmen waren in der 3., 8. und 10. Wahlperiode zu beobachten.[3] Insofern kann der Auffassung Blischkes zugestimmt werden, daß diesbezüglich von einem festen Parlamentsbrauch noch nicht gesprochen werden könne.[4]

2.3.2. Interfraktionelle Vereinbarungen

Ein wesentliches Instrument, das den parlamentarischen Dialog sowohl im präplenaren als auch im plenaren Bereich reguliert, stellt die interfraktonelle Vereinbarung dar. Sie ist zwar nicht verbindlich für das Plenum, sondern hat Vorschlagscharakter, wird aber dennoch meist eingehalten. Viele interfraktionelle Vereinbarungen können interpretiert werden als Kurzform bzw. praktizierte und zeitsparende Form der GO-Regelungen GOBT § 126 und GOBayL § 149 zur Abweichung von der GO im einzelnen Falle.

---

1) Schindler: Datenhandbuch ... 1980-1984, a.a.O., S. 342
2) 1954 bei der Wahl Eugen Gerstmaiers zum Bundestagspräsidenten
vgl. Schindler, ebd., a.a.O., S. 218f.
3) ders., Datenhandbuch ... 1949-1982, a.a.O., S. 223f. und Datenhandbuch ... 1980-1984, a.a.O., S. 343
4) Blischke: Ungeschriebene Regeln im Deutschen Bundestag: In: E. Busch (Hrsg.): Parlamentarische Demokratie - Bewährung und Verteidigung. Heidelberg 1984, S. 68

"Gibt der Präsident ... die interfraktionelle Vereinbarung bekannt und widerspricht niemand, so ist die Abweichung als beschlossen anzusehen."[1)]

Die meisten interfraktionellen Vereinbarungen erfolgen im Ältestenrat; jedoch auch während der Plenarsitzungen treffen die Fraktionsgeschäftsführer bzw. parlamentarischen Geschäftsführer Absprachen. Interfraktionelle Vereinbarungen erfordern einen Konsens aller Fraktionen. Soll eine Vorlage z.B. auf die Tagesordnung, so müssen sich die Fraktionsvertreter im Ältestenrat in folgenden Punkten einigen[2)]:

- Einverständnis mit der Aufnahme in die Tagesordnung
- Zeitpunkt des Aufrufs
- Vorschlag der Ausschüsse (Federführung/Mitberatung)
- Stattfinden einer Aussprache
- Länge der Aussprache
- Aufteilung der Redezeit

Auch außerhalb des Ältestenrats können durch interfraktionelle Vereinbarungen Änderungen der Tagesordnung erfolgen, z.B. Erweiterung bzw. Absetzung von Vorlagen, Änderungen der Reihenfolge, Verzicht auf vorher vereinbarte Aussprachen, Schließen der Debatte, nachträglich vereinbarte Aussprache.

Den parlamentarischen Geschäftsführern als Verhandlungsführer ihrer Fraktion kommt eine dominierende Funktion in der parlamentarischen Praxis zu. Sie bestimmen u.a. letztlich auch, welche Abgeordnete trotz Vorbereitung und Wortmeldung im Plenum nicht mehr zu Wort kommen.

---

1) Troßmann, a.a.O., S. 916
2) vgl. auch R. Kabel: Die Entstehung der Tagesordnung durch interfraktionelle Vereinbarungen. In: H.A. Roll (Hrsg.): Plenarsitzungen des Deutschen Bundestages. Berlin 1982, S. 29ff.

Allerdings müssen sich die parlamentarischen Geschäftsführer, die stets zur Spitze ihrer Fraktion gehören, vergewissern, daß der Meinungsbildungsprozeß innerhalb der Fraktion abgeschlossen ist, bevor sie einer Aufnahme eines Tagesordnungspunktes zustimmen, und weiterhin, daß sie die Zustimmung der Fraktionsmehrheit erwarten können. Denn die interfraktionelle Vereinbarung ist nicht verbindlich, sondern erfordert vielmehr freiwillige Akzeptanz der Abgeordneten. Meldet sich z.B. trotz einer interfraktionellen Vereinbarung eines 'TOPS ohne Aussprache' ein Abgeordneter zu Wort, so muß er vom Präsidenten aufgerufen werden.

Ein solches Vorgehen schadet jedoch der Glaubwürdigkeit des parlamentarischen Geschäftsführers bei seinen Verhandlungen. Um derartige Einzelinitiativen im Rahmen halten zu können, sind in den Fraktionsordnungen u.a. folgende Bestimmungen zu finden.[1)]

"Gesetzesvorlagen, Anträge, Kleine und Große Anfragen aus den Reihen der Fraktion werden beim zuständigen Parlamentarischen Geschäftsführer eingereicht." (CDU/CSU-FO § 19)

"Vor der Einbringung von Anfragen und Anträgen einzelner Mitglieder ist der Vorstand zu unterrichten." (FDP-FO § 12 Abs. 3)

"Will ein Mitglied der Fraktion in eine Plenardebatte eingreifen, so verständigt es sich darüber mit dem zuständigen Obmann und dem Parlamentarischen Geschäftsführer." (SPD-FO § 4)

---

1) Die zitierten Fraktionsordnungen stammen aus der X. Wahlperiode des Deutschen Bundestags. Die Fraktion der GRÜNEN verfügt nach eigenen Angaben über keine beschlossene Fraktionsordnung.

"Fragen für die Fragestunde werden über den Parlamentarischen Geschäftsführer eingereicht." (SPD-FO § 6 Abs. 3)

2.3.3. Parlamentspraxis und Redeordnung

Einige Bräuche und Gewohnheiten bestehen schon sehr lange und haben sich im Laufe der Zeit verfestigt, andere veränderten sich bzw. verloren sich wieder.

Zwischenrufe beispielsweise gehören längst zum parlamentarischen Alltag. Während sie jedoch im § 115 der GOBayL expressis verbis gestattet werden, sind sie im § 119 der GOBT nur indirekt anerkannt und werden Bestandteil des Plenarprotokolls, obwohl sie mit § 104 GOBT kollidieren, der einem Abgeordneten nur mit Zustimmung des Präsidenten Rederecht gewährt. Blischke weist darauf hin, daß Zwischenrufe gewohnheitsrechtlich als zulässig anerkannt sind und daß sich "im Plenarprotokoll fast alle Zwischenrufe wiederfinden, die von den Stenographen gehört wurden, und das ohne Rücksicht darauf, ob die Zwischenrufe Gegenstand einer Erwiderung des Redners oder eines anderen Zwischenrufers oder einer Rüge des Präsidenten wurden".[1)]

Da Zwischenfragen im Bundestag bisher auf die Redezeit des jeweiligen Sprechers angerechnet wurden, lehnte man sie meist unter Verweis auf die knappe zustehende Redezeit ab. Anfang 1985 bahnte sich hier eine Änderung an. Es wird zur Zeit in der parlamentarischen Praxis erprobt, Zwischenfragen und deren Beantwortung nicht mehr auf die zugeteilte Redezeit anzurechnen. Diese Übereinkunft

---

1) Blischke, W.: Ungeschriebene Regeln im Deutschen Bundestag. In: Busch, E. (Hrsg.): Parlamentarische Demokratie - Bewährung und Verteidigung. Heidelberg 1984, S. 63

zeigt sich als vorteilhaft für die Lebendigkeit des Dialogs, weist aber natürlicherweise auch einen gravierenden Nachteil auf: Da die Redezeit insgesamt begrenzt und kontigentiert ist, geht der Zeitverlust zu Lasten des letzten Redners der jeweiligen Fraktion, d.h. bei entsprechender Notwendigkeit entfällt oder verkürzt sich dessen Beitrag zum Thema.

Sowohl die GOBayL (§ 107/1) als auch die GOBT (§ 33) schreiben vor, daß Redner "grundsätzlich im freien Vortrag" sprechen sollen. Dieser Bestimmung wird in der Praxis selten entsprochen, da einerseits bei Kurzdebatten die Stellungnahme der Fraktionen möglichst vollständig abgegeben und andererseits vor allem bei Fernsehübertragungen rhetorischen Einbrüchen vorgebeugt werden soll. Bücker verweist auch auf das vorzeitige Absenden der Reden an die Tagespresse.[1] Aus diesen Gründen wurde 1980 auch der § 37 GOBT (alte Fassung) gestrichen, in dem folgendes festgelegt war: "Im Wortlaut vorbereitete Reden sollen eine Ausnahme sein; sie dürfen nur verlesen werden, wenn sie beim Präsidenten mit Angabe von Gründen angemeldet worden sind und der Präsident in die Verlesung einwilligt."

Diese Praxis des Verlesens vorbereiteter Reden gilt als ein wesentlicher Grund für die Langeweile im Plenarsaal, weshalb u.a. Bücker auch für ein "Zurück zur freien Rede"[2] plädiert.

Seit 1972 hat sich im Bundestag ein für den parlamentarischen Dialog nicht unwesentlicher Brauch herausgebildet. Vor großen Debatten erfolgt eine Kontingentierung, jedoch nicht im Prinzip der Gewaltenteilung Parlament - Regierung,

---

1) Bücker, J.: Der Abgeordnete hat das Wort - Gedanken zum Rederecht im Deutschen Bundestag. In: Busch, E. (Hrsg.), a.a.O., S. 53f.
2) ebd.

sondern, der konkreten Trennlinie entsprechend, zwischen Regierungslager (Mehrheitsfraktion und Regierungsvertreter) und Opposition im Verhältnis 6:4. Entscheidend für das Gelingen dieser Abmachungen ist, daß sich Bundesregierung und Bundesrat in die Redeordnung einfügen und sich mit den parlamentarischen Geschäftsführern der jeweiligen Fraktion abstimmen, trotz ihrer grundgesetzlich zugesicherten Redeprivilegien. Seit 1983 mit dem Eintritt der Grünen in den Bundestag wurde diese Abmachung geringfügig modifiziert. Die Aufteilung erfolgte nach einem neuen Schlüssel: 57,5 % der Redezeit erhielt die Koalition einschließlich Regierungsvertreter und Bundesratsmitglieder, 33,33 % die SPD einschließlich ihrer Bundesratsmitglieder und 9,17 % die GRÜNEN.[1)]

In Bayern wird die Redezeit der Regierung nicht auf die Mehrheitsfraktion angerechnet. Regierungsmitglieder nutzen ihre Redeprivilegien. Der langjährige Oppositionsführer und jetzige Vizepräsident des Bayerischen Landtags Rothemund verweist auf mögliche extreme Verteilungen: 5 Stunden Redezeit der Regierung und der CSU stehen eine oder 1 1/2 Stunden Redezeit der Opposition gegenüber.[2)]

Als weitere ungeschriebene Regel gilt, daß der Parlamentspräsident bzw. dessen Entscheidungen nicht im Plenum zu kritisieren sind. Diesem Brauch widersetzte sich der damalige Abgeordnete der GRÜNEN Fischer am auffälligsten, als er dem BT-Präsidenten die obszöne Äußerung "Mit Verlaub Herr Präsident, Sie sind ein A..." entgegenschleuderte und damit die Würde des Hauses in erheblichem

---

1) vgl. Schindler, H: Datenhandbuch ... 1949-1982, a.a.O., S. 549f.
und Datenhandbuch ... 1980-1984, a.a.O., S. 544f.

2) Rothemund, H.: Die Opposition im Bayerischen Landtag. In: Bayerische Landeszentrale für politische Bildungsarbeit (Hrsg.): 1946-1986 Auftrag Bewährung Ausblick - 40 Jahre Bayerische Verfassung, München 1986, S. 55

Maße verletzte.[1)]

2.3.4. Handhabung der Geschäftsordnung

Im Laufe der Zeit haben sich zwei ungeschriebene Regeln herausgebildet, deren Bedeutung für die politische Kultur nicht zu unterschätzen ist.

Zum einen erfolgten GO-Änderungen bisher sehr behutsam und im wesentlichen konsensuell, obwohl aufgrund der Geschäftsordnungsautonomie des Parlaments die Mehrheit die GO in ihrem Sinne verändern könnte. Im Bundestag wurde die GO nur 1958 und 1980 wesentlich verändert, im Landtag 1974 und zuletzt 1985.

Rothemund wirft allerdings der CSU-Fraktion vor, die GO immer dann in ihrem Sinne zu ändern, wenn die Opposition sie wirkungsvoll nutzt und kritisiert heftig, die Mehrheit hätte "zunehmend ihre Möglichkeiten im Verein mit der Staatsregierung in einer Weise ausgeschöpft, die die Grenzen des Erträglichen längst überschritten hat."[2)]

Zweitens wurden die Geschäftsordnungsbestimmungen meist nicht extensiv ausgelegt; vielmehr wurde von zustehenden Rechten maßvoll Gebrauch gemacht. Dies hat sich seit Einzug der Grünen in die Parlamente geändert.

Bezüglich der Nutzung der Rechte äußerte sich der Parlamentarische Geschäftsführer der FDP Torsten Wolfgramm folgendermaßen:

---

1) Joseph Fischer wurde von der weiteren Teilnahme an der Sitzung, sowie für einen weiteren Sitzungstag ausgeschlossen; vgl. Plenarprotokoll der 91. Sitzung des X. Deutschen Bundestags vom 18.10.1984

2) Rothemund, a.a.O., S. 55

"Alle Fraktionen sollten sich darin einig sein, daß eine Geschäftsordnung nur dann praktikabel ist, wenn sie behutsam angewandt wird. Eine Geschäftsordnung ist grundsätzlich auf den Konsens aller beteiligten Gruppen angelegt; keine Gruppe oder kein einzelner Abgeordneter sollte die ihr und ihm zustehenden Rechte bis an die äußerste Grenze ausnutzen. Unsere Geschäftsordnung hat sich durchaus bewährt und hat zu einem grundsätzlich gerechten Ausgleich der Interessen von Minderheit und Mehrheit geführt, weil die Handhabung durch gegenseitige Rücksichtnahme geprägt war. Dies sollte auch in Zukunft so bleiben."[1)]

Allerdings nutzen die GRÜNEN ihnen zustehende Rechte bisweilen sehr exzessiv, meist um Entscheidungen bzw. Beschlüsse aufzuschieben.

Die GRÜNEN im Deutschen Bundestag
- stellten am 20.2.86 110 Anträge auf Erweiterung der Tagesordnung des 21.2.86,
- gaben am 22.11.83 vor der Abstimmung zum NATO-Doppelbeschluß 24 persönliche Erklärungen gem. GOBT § 31 ab,
- stellten bei der 2. und 3. Beratung des Gesetzes zum Ausbau der Bundesfernstraßen am 30.1.86 210 Änderungsanträge und forderten 51 namentliche Abstimmungen.[2)]

Derartige Versuche, die Geschäftsordnung exzessiv auszulegen, waren bisher wenig effektiv und behinderten die Handlungs- und Entscheidungsfähigkeit des Parlaments nicht; Präsidium und Parlamentsverwaltung, aber auch der Ältestenrat zeigten sich flexibel und meisterten bisher Obstruktionsversuche in recht überzeugender Manier.

---

1) Wolfgramm, T.: Anmerkungen zur Geschäftsordnung des Deutschen Bundestages. In: Busch, E. (Hrsg.), a.a.O., S. 19
2) Diese Beispiele beschreibt ausführlich:
H.-A. Roll: Geschäftsordnungspraxis im 10. Deutschen Bundestag. ZParl 2/1986

2.3.5. Sitzordnung

Architektur und Sitzordnung sind für die parlamentarische Kommunikation nicht unwesentlich. Im Laufe der Zeit haben sich im Bundestag und im Bayerischen Landtag relativ stabile Sitzordnungen herauskristallisiert.

Als kommunikationsfreundlich hat sich eine weitgehend Blickkontakt ermöglichende, kreisförmige bzw. U-förmige Sitzordnung erwiesen. Während dies für kleine Gremien problemlos realisierbar ist - so verhandeln z.B. Mitglieder von Ausschüssen , Arbeitsgruppen und kleinen Fraktionen mit gegenseitigem Blickkontakt - ergeben sich für große Gremien räumliche Probleme. Fraktionen mit zahlreichen Mitgliedern sitzen meist in U-Form, wobei die inneren Plätze wegen des eingeschränkten Blickfelds ungünstig sind. Das Bundestagsplenum (518 Abg.) war im ehemaligen Plenarsaal frontal ausgerichtet, die Abgeordneten des Bayerischen Landtags (204 Abg.) sitzen im Halbkreis.

Die moderne Architektur bevorzugt bei Neubauten eine kreisförmige Anordnung der Plätze auch bei großen Parlamenten, eine Situation, die sowohl die Übersichtlichkeit fördert, als auch das Eintreten in den Dialog - z.B. mit Zwischenfragen - vom Platz aus ermöglicht. In dieser Hinsicht wird der Neubau des Plenarsaals für den Bundestag kommunikationsgünstigere Voraussetzungen schaffen.

Auch der provisorische Bonner Plenarsaal im ehemaligen Wasserwerksgebäude erwies sich für viele Abgeordnete trotz oder gerade wegen seiner Enge als vorteilhaft. Der ehemalige Bundeskanzler Helmut Schmidt brachte dies in seiner Abschiedsrede am 10. Sept. 1986 zum Ausdruck, als er in einer Nebenbemerkung formulierte:

"... und die Enge in diesem Saal ist ja viel angenehmer als die große Bahnhofshalle dort drüben."[1)]

Die Sitzordnung der Fraktionen im Plenum läßt sich historisch zurückverfolgen; sie entstand zuerst in der nach-napoleonischen Deputiertenkammer Frankreichs. Hier bildete sich die im heutigen Sprachgebrauch immer noch übliche Links-Rechts-Unterscheidung, die ausgehend von der Sitzordnung - aus der Perspektive des Präsidenten - zu einer Charakterisierung der Parteien diente: links saß der dritte Stand, rechts der Adel. Da sich die großen Fraktionen des Bundestages heute zu Massenintegrationsparteien bzw. zu Volksparteien gewandelt haben, ist die politische Lager-Zuordnung bzw. der Schluß vom Sitzplatz auf die Parteiprogrammatik nicht mehr treffend. Das traditionelle Links-Rechts-Schema wird dennoch bei der Sitzordnung im Parlament heute noch eingehalten - SPD links, Union und FDP rechts -, wenngleich die Einordnung der GRÜNEN unterschiedlich praktiziert wird: Sie sind seit dem 10. Bundestag zwischen der CDU/CSU-Fraktion und der SPD-Fraktion in der Mitte angesiedelt, während im 11. Bayerischen Landtag die neue Fraktion links außen neben der SPD-Fraktion ihren Platz fand.

Innerhalb der Fraktionen werden die Plenarsitze folgendermaßen an die Abgeordneten vergeben: In den vorderen Bänken finden die Fraktionsgeschäftsführer und Fraktionsvorstandsmitglieder ihre Plätze. Die übrigen Sitze werden bei den GRÜNEN, der FDP und der SPD verlost. Nur die CDU/CSU-Fraktion verteilt die Plätze nach einem anderen Schema: a) nebeneinander nach der Herkunft der Abgeordneten und b) hintereinander nach der Anciennität. Daher erscheint die Bezeichnung 'Hinterbänkler' als Synonym für einflußschwache bzw. neue Abgeordnete wenig passend.

---

1) vgl. Das Parlament Nr. 39 v. 27.9.86

Seit Bestehen des Bundestags bzw. des Bayerischen Landtags sitzen die Fraktionen jeweils in einem Block, eine Situation, die Gruppenverhalten bzw. gegenseitige Ermutigung - z.B. bei Zwischenrufen oder bei Beifall - begünstigt.

Ein anderes Bild bietet hier das norwegische Parlament. Im Storting sitzen die Abgeordneten nicht nach Fraktionen, sondern nach alphabetisch geordneten Wahldistrikten. Dadurch scheint m.E. eine Auflockerung der 'Fraktionenblöcke' erreicht. Zwar wird das interfraktionelle Management erschwert, zugleich aber besteht die Chance, die interfraktionelle Diskussion zu erleichtern und das Entstehen einer 'regionalen' Solidarität über die Parteizugehörigkeit hinaus anzubahnen. Das Storting-Büro bestätigt, daß der Wunsch nach einer anderen Sitzordnung bisher von keiner Partei geäußert wurde.[1)]

2.4. Zusammenfassung

Zur Regulierung des parlamentarischen Dialogs dienen schriftliche Kodifizierungen übergeordneter, aber auch autonom erstellter Natur, sowie ungeschriebene Rituale und Regeln. Dabei wird vor allem auf die Determinanten sprechende Subjekte, Materie und Verfahren Einfluß genommen. Während Verfassung und Gesetz den Rahmen abstecken, konkretisieren Geschäftsordnungen - die der Autonomie der Parlamente unterliegen - diese Vorgaben und ergänzen sie durch weitere Regelungen. Eine flexible, praktikable und konsensfähige Geschäftsordnung[2)] darf kein starres Regelsystem darstellen, sondern muß eher

---

1) Der Autor wandte sich an die königlich norwegische Botschaft in Bonn, die dankenswerterweise Kontakt zum Storting-Büro herstellte und die erbetenen Informationen übersetzte.
2) vgl. dazu: H.A. Roll: Auslegung und Fortbildung der Geschäftsordnung. In: ders. (Hrsg.): Plenarsitzungen des Deutschen Bundestages. Berlin 1982, S. 101ff.

eine 'lex imperfecta'[1] sein und bei Wahrung der Minderheitenrechte Spielraum für Modifikationen lassen. Eine derart verstandene flexible Handhabung des Instruments Geschäftsordnung wird ermöglicht durch Auslegungen des Präsidenten und Abweichungen von der GO auf Beschluß des Hauses bzw. durch interfraktionelle Absprachen.

Neben schriftliche Regulative treten auch parlamentarische Bräuche und Gewohnheiten. Diese haben häufig komplementären Charakter, können jedoch auch gelegentlich den schriftlichen Bestimmungen zuwiderlaufen und GO-Änderungen antizipieren, was wiederum der Fortentwicklung und der Praktikabilität der GO zugute kommt.

Diese drei Regelsysteme - Verfassung und Gesetze als Rahmen, GO als autonom erstellter Konkretisierung und ungeschriebene Parlamentsbräuche - sind miteinander verbunden. Obwohl jedes einzelne System für den parlamentarischen Dialog unverzichtbar erscheint, entfalten sie ihre regulierende Wirkung erst im Zusammenspiel. Dichte und Fülle dieser Reglementierungen schwächen andererseits aber auch den Handlungs- und Freiheitsspielraum des einzelnen Abgeordneten ein.

Im nächsten Kapitel werden in zwei Fallanalysen Gebrauch und Wirkung dieser Spielregeln im konkreten parlamentarischen Alltag untersucht.

---

1) Blischke, a.a.O., S. 74
Ähnlich äußert sich auch F. Schäfer: Der Bundestag, a.a.O., S. 66: "Eine Geschäftsordnung als abgeschlossenes Gesetzeswerk wäre ein Widerspruch in sich."

3. Analyse konkreter parlamentarischer Dialogsituationen

Den beiden Fallbeispielen seien einige methodische Erwägungen vorangestellt, in denen kurz auf Auswahlaspekte und auf das heuristische Instrumentarium eingegangen wird.

3.1. Methodische Vorüberlegungen

Parlamentarische Dialogsituationen finden in der Bundesrepublik Deutschlanf auf verschiedenen politischen Ebenen statt: in Kommune, Bezirk, Land oder Bund. Dabei laufen durchaus vergleichbare Steuerungsmechanismen ab. Um dies verdeutlichen zu können, wurde ein Beispiel aus dem Bundestag gewählt, ein anderes aus dem Bayerischen Landtag.

3.1.1. Zur Auswahl der Fallbeispiele

Die Vielfalt institutionalisierter Sprachhandlungen - Hearing, Gesetzesberatung, Aktuelle Stunde, Fragestunde, Ausschußsitzung etc. - erschwerte die Auswahl der zu untersuchenden Beispiele.

Ich entschied mich für eine 4-stündige Debatte des X. Deutschen Bundestages über Frauenfragen, in der am 12. April 1984 über zwei Anträge und über die Antwort auf eine große Anfrage zusammengefaßt debattiert wurde. Als zweite Redesequenz wählte ich eine Aktuelle Stunde aus der 106. Sitzung des X. Bayerischen Landtags vom 14. Mai 1986 zum Thema Hilfsmaßnahmen nach der Reaktorkatastrophe von Tschernobyl.

In beiden Fällen waren die Debatten nur Teile der jeweiligen Gesamtsitzungen.

Die Untersuchung zielt nicht auf einen Parlamentsvergleich ab, sondern möchte eher zwar ähnliche, jedoch spezifizierte Regelsysteme verdeutlichen, die, bezogen auf die jeweils unterschiedliche Situation, den Rahmen abstecken bzw. das Procedere beeinflussen.

In beiden Fällen wurden plenare Sprachsituationen und nicht die von Subgruppierungen - obwohl von diesen Gremien entscheidende (Vor-)Arbeit geleistet wird - ausgewählt. Zum einen ist das Plenum nach wie vor Forum der verschiedenen Meinungen, das die in Fraktion und Ausschuß präformierten Entscheidungen verbindlich beschließt, und in dem die Fraktionen ihre Haltung der Öffentlichkeit transparent machen und um Zustimmung dafür werben. Zum anderen wird die Meinungsbildung über Parlament und Politik gemeinhin zum großen Teil durch öffentliche Plenarsitzungen geprägt, die in Funk, Fernsehen und Presse vermittelt werden, während Sitzungen der Subgruppen meist nichtöffentlich stattfinden.

3.1.2. Instrumentarium der Analyse

Als Untersuchungsgrundlage dienten die amtlichen Parlamentsunterlagen, d.h. Drucksachen, Plenarprotokolle und die amtlichen Handbücher des X. Deutschen Bundestages und des X. Bayerischen Landtages, sowie die damals geltenden Geschäftsordnungen GOBT bzw. GOBayL. Parlamentsprotokolle sind systematische amtliche Dokumente, die den Verlauf der Sitzung exakt wiedergeben. Neben der wortgetreuen Wiedergabe der Reden enthalten sie auch die jeweiligen Reaktionen der Abgeordneten (Beifall, Ablehnung etc.) in verschiedenen Intensitätsstufen und erfassen auch Zwischenrufe und Zwischenfragen, sofern sie von den Parlamentsstenographen gehört wurden. Alle im

Protokoll namentlich erwähnten Redner, Zwischenfrager, bzw. -rufer können die Protokollangaben innerhalb einer Frist widerrufen bzw. berichtigen.

Wegen vieler synchron ablaufender Regelungsvorgänge und wegen der Geschwindigkeit des Ablaufs politischer Prozesse wurde der Quellenanalyse der Vorzug vor einer teilnehmenden Beobachtung gegeben.

Anhand exemplarischer Sprachsituationen sollen drei Dimensionen der Regulierung - die personelle, die materiale und die prozedurale - untersucht werden. Die einzelnen Bereiche können zwar zu Analysezwecken getrennt beobachtet werden, wirken jedoch in der Realität zusammen und überschneiden sich. Der Schwerpunkt der Untersuchung liegt im personal/prozeduralen Bereich, während die materiale Dimension nur anhand prozeduraler Faktoren berücksichtigt wurde.

Folgendes Frageinstrumentarium soll bei der Analyse Erkenntnisse über Kanalisierung und Regulierung der parlamentarischen Verhandlungen bringen:

a) Personale Dimension: R e d n e r

- Anhand welcher Kriterien erfolgt die Auswahl der Redner?	Selektion der Redner
- Wer nutzt mögliche Redeprivilegien?	Redeprivilegien
- Wie wird die Sprecherfolge im Bundestag/Landtag geregelt?	Reihenfolge

b) Materiale Dimension: I n h a l t e

- Wie und wo wird der Verhandlungsgegenstand auf die Tagesordnung gesetzt? Wird der TOP verändert bzw. umgestellt?	Selektion der Inhalte

- Welche Modifikationen wurden beantragt, bzw. welche Beschlüsse wurden gefaßt?	Modifikation/Beschluß

c) Prozedurale Dimension: V e r f a h r e n

- Welche temporale und modale Struktur erhält die Debatte und wie wird diese ermittelt?	Selektion der Verfahren
- Welche spontane Aktivität bzw. Partizipation außerhalb der Redebeiträge läßt sich feststellen?	Zwischenrufe, -fragen
- Wie werden Eröffnung, Verlaufssteuerung und Schluß der Debatte gehandhabt?	Ordnung und Leitung

3.2. Fallbeispiel 1

67. Sitzung des 10. Deutschen Bundestages
am 12. April 1984

1. Debatte

3.2.1. Personale Dimension

Im folgenden werden am konkreten Fall neben der Rednerselektion vor allem die Nutzung von Redeprivilegien und die Reihenfolge der Redner untersucht.

3.2.1.1. Selektion der Redner

Obwohl alle Abgeordneten über ein Rederecht verfügen, ist es doch übliche und weitgehend durch Fraktionsordnung abgesicherte Praxis, die Redner in der Fraktionsvollversammlung zu bestimmen.

Biographische Daten der Debattenredner werde im folgenden unter Berücksichtigung dreier Aspekte gesammelt und ausgewertet. Zum einen soll die parlamentarische Zuständigkeit der Redner/-innen für die Gesetzesentwürfe überprüft werden, d.h. die Zugehörigkeit zu einem der vom Ältestenrat vorgesehenen federführenden und mitberatenden Ausschüsse. Desweiteren wird versucht, gegenstandsspezifische Zusatzqualifikationen zu erfassen.

Hierbei handelt es sich um den Erwerb spezieller Kenntnisse und Erfahrungen über den Verhandlungsgegenstand durch Mitarbeit in kirchlichen, gewerkschaftlichen oder parteilichen Gremien, die sich mit Frauenproblemen beschäftigen. Relevant kann auch ein Studium oder eine frühere Berufsausübung sein.

Diese Zusatzqualifikationen, bzw. kompetenzerweiternde Aktivitäten scheinen vor allem für die männlichen MdBs von Bedeutung, denn die weiblichen Abgeordneten sind durch langjährige eigene Erfahrungen mit der geschlechtsspezifischen Rolle ohnehin für den Verhandlungsgegenstand "Frauenprobleme in unserer Gesellschaft" sensibilisiert.

Zum dritten wird der Status des Redners innerhalb seiner Fraktion anhand der Parameter Dauer der Parlamentszugehörigkeit, Mitglied des engeren oder weiteren Fraktionsvorstands, Funktionsträger (z.B. Ausschußvorsitz, Arbeitskreisleiter, Geschäftsführer etc.) umschrieben.

Die biographischen Daten entsprechen dem Stand vom 12.4.1985, dem Zeitpunkt der Debatte. sie sind dem Amtlichen Handbuch des X. Deutschen Bundestages entnommen.

Redner der Bundesregierung

1) Blüm, Dr. Norbert (2 Debattenbeiträge)

a. Zuständigkeit:	Minister für Arbeit und Sozialordnung
b. Gegenstandsspezifische Zusatzqualifikationen:	1974-1977 Landesvorsitzender der Sozialausschüsse der Christlich-Demokratischen Arbeitnehmerschaft Rheinland-Pfalz Bundesvorsitzender der Sozialausschüsse der Christl.-Demokr. Arbeitnehmerschaft seit 1977
c. Status:	MdB von 1972-1981 und seit 1983 Minister

2. <u>Geißler,</u> Dr. Heiner

a) Zuständigkeit:	Minister für Jugend, Familie und Gesundheit
b) Gegenstandsspezifische Zusatzqualifikationen:	Mitglied des Bundesvorstands der Sozialausschüsse der CDA
c) Status:	MdB von 1965-1967 und seit 1980; Minister

3. <u>Kohl,</u> Dr. Helmut

a) Zuständigkeit:	Bundeskanzler
b) Gegenstandsspezifische Zusatzqualifikationen:	Studium u.a. der Sozialwissenschaften
c) Status:	MdB seit 1976 Bundeskanzler

4. <u>Wilms,</u> Dr. Dorothee

a) Zuständigkeit	Ministerin für Bildung und Wissenschaft
b) Gegenstandsspezifische Zusatzqualifikationen:	Studium der Volkswirtschaftslehre, Sozialpolitik und Soziologie 1955-1973 Stellvertr. Leiterin der Abteilung Bildungsarbeit und gesellschaftspolitische Fragen im Deutschen Industrieinstitut Köln Mitglied des Zentralkomitees der Deutschen Katholiken
c) Status:	MdB seit 1976 Ministerin

Redner der CDU/CSU-Fraktion

1. Verhülsdonk, Roswitha

a) Zuständigkeit:	Mitglied im Ausschuß für Arbeit und Sozialordnung stellvertr. Mitglied im Ausschuß für Familie, Jugend und Gesundheit
b) Gegenstandsspezifische Zusatzqualifikationen:	Stellvertretende Bundesvorsitzende der CDU-Frauenvereinigung Mitglied des Zentralkomitees der Deutschen Katholiken Diözesanvorsitzende der katholischen Frauengemeinschaften des Bistums Trier
c) Status:	MdB seit 1972 stellvertretende Vorsitzende des Fraktionsvorstands Vorsitzende der 'Gruppe der Frauen' in der CDU/CSU-Fraktion

2. Männle, Ursula

a) Zuständigkeit:	Mitglied des Ausschusses für Jugend, Familie und Gesundheit Mitglied des Ausschusses für Bildung und Wissenschaft Stellvertr. Mitglied des Ausschusses für Arbeit und Sozialordnung
b) Gegenstandsspezifische Zusatzqualifikationen:	Studium u.a. der Soziologie Landesvorsitzende der Frauen-Union
c) Status:	MdB von 1979-1980 und seit 1983 Mitglied des erweiterten Fraktionsvorstands

3. Hürland, Agnes

a) Zuständigkeit:	-
b) Gegenstandsspezifische Zusatzqualifikationen:	Mitglied des Landesvorstands der Frauen-Vereinigung der CDU Westfalen-Lippe Mitglied der Sozialausschüsse der CDA
c) Status:	MdB seit 1972 Parlamentarische Geschäftsführerin der CDU/CSU-Fraktion Mitglied des Ältestenrats Mitglied des Fraktionsvorstands

4. Rönsch, Hannelore

a) Zuständigkeit:	stellvertr. Mitglied des Ausschusses für Jugend, Familie und Gesundheit
b) Gegenstandsspezifische Zusatzqualifikationen:	-
c) Status:	MdB seit 1983

Redner der FDP-Fraktion

1. Seiler-Albring, Ursula

a) Zuständigkeit:	-
b) Gegenstandsspezifische Zusatzqualifikationen:	Mitglied im Landesfrauenbeirat Rheinland-Pfalz
c) Status:	MdB seit 1983

2. Adam-Schwaetzer, Dr. Irmgard

a) Zuständigkeit:	Mitglied des Ausschusses für Arbeit und Sozialordnung stellvertr. Mitglied des Ausschusses für Jugend, Familie und Gesundheit

b) Gegenstandsspezifische Zusatzqualifikationen:	Vorsitzende des Arbeitskreises 'Arbeits-, Sozial- und Gesundheitspolitik' der FDP-Fraktion
c) Status:	MdB seit 1980 Arbeitskreisleiterin (vgl. b)

Redner der Fraktion DIE GRÜNEN

1. Beck-Oberdorf, Marieluise (2 Debattenbeiträge)

a) Zuständigkeit	-
b) Gegenstandsspezifische Zusatzqualifikationen:	Studium u.a. der Gemeinschaftskunde
c) Status:	MdB seit 1983 Fraktionssprecherin

2. Potthast, Gabriele

a) Zuständigkeit	-
b) Gegenstandsspezifische Zusatzqualifikationen:	Mitarbeit in der Landesfrauenarbeitsgruppe Nordrhein-Westfalen seit 1979 aktiv in der Autonomen Frauenbewegung
c) Status:	MdB seit 1983 stellvertretende parlamentarische Geschäftsführerin der GRÜNEN bis 25.10.83

Redner der SPD-Fraktion

1. Renger, Annemarie

a) Zuständigkeit	-
b) Gegenstandsspezifische Zusatzqualifikationen:	Vizepräsidentin der Europa-Union Deutschland bis März 1973 Vorsitzende des

	Bundesfrauen-Ausschusses der SPD
c) Status:	Vizepräsidentin des Deutschen Bundestages MdB seit 1953 Mitglied des Fraktionsvorstandes der SPD

2. <u>Steinhauer,</u> Waltraud

a) Zuständigkeit	Mitglied des Ausschusses für Arbeit und Sozialordnung stellvertr. Mitglied des Ausschusses für Bildung und Wissenschaft
b) Gegenstandsspezifische Zusatzqualifikationen:	Mitglied des Sozialausschusses der Evangelischen Kirche von Westfalen 1953-1965 Rechtssekretärin für Arbeits- und Sozialrecht beim DGB-Kreis Singen-Wittgenstein
c) Status:	MdB seit 1974 Mitglied des erweiterten Fraktionsvorstands

3. <u>Egert,</u> Jürgen

a) Zuständigkeit:	Mitglied des Ausschusses für Arbeit und Sozialordnung stellvertr. Mitglied des Ausschusses für Jugend, Familie und Gesundheit
b) Gegenstandsspezifische Zusatzqualifikationen:	stellvertr. Vorsitzender des Arbeitskreises 'Sozialpolitik' der SPD-Fraktion
c) Status:	MdB seit 1972 stellvertr. Arbeitskreisleiter (vgl. b)

	ehem. parlamentarischer Staatssekretär beim Bundesministerium für Arbeit und Sozialordnung (28.4.82-1.10.82)

4. Martiny-Glotz, Dr. Anke

a) Zuständigkeit:	-
b) Gegenstandsspezifische Zusatzqualifikationen:	Studium u.a. der Soziologie
c) Status:	MdB seit 1972

5. Matthäus-Maier, Ingrid

a) Zuständigkeit:	stellvertr. Mitglied des Rechtsausschusses
b) Gegenstandsspezifische Zusatzqualifikationen:	-
c) Status:	MdB von 1976-1982 (für die FDP) und ab 1983 (für die SPD)

6. Däubler-Gmelin, Dr. Herta

a) Zuständigkeit:	stellvertr. Mitglied des Rechts- und des Innenausschusses
b) Gegenstandsspezifische Zusatzqualifikationen:	Studium u.a. der Volkswirtschaft 1971 bis 1976 Vorsitzende der Arbeitsgemeinschaft sozialdemokratischer Frauen Baden-Württemberg Vorsitzende der SPD-Kommission für Innen- und Rechtspolitik
c) Status:	MdB seit 1972 stellvertr. Vorsitzende der SPD-Fraktion ehem. Vorsitzende des Rechtsausschusses (von 1980-1983)

7. Vogel, Dr. Hans-Jochen

a) Zuständigkeit:	Fraktionsvorsitzender der SPD
b) Gegenstandsspezifische Zusatzqualifikationen:	-
c) Status:	Fraktionsvorsitzender der SPD MdB von 1972-1981 und seit 1983 ehem. Bundesminister

8. Skarpelis-Sperk, Dr. Sigrid

a) Zuständigkeit:	-
b) Gegenstandsspezifische Zusatzqualifikationen:	Studium der Volkswirtschaft und Sozialwissenschaften Mitglied des Bundesvorstands der AG sozialdemokratischer Frauen Bezirksvorsitzende der AsF in Südbayern
c) Status:	MdB seit 1980

Auswertung

Aus dieser Zusammenstellung biographischer Daten lassen sich einige Erkenntnisse gewinnen, die dazu beitragen können, die dem Prozeß der fraktionellen Rednerselektion zugrundeliegenden Regulativa zu verdeutlichen.

Auffallend sind zum einen der hohe Frauenanteil an der Debatte und zum anderen die intensive Beteiligung der Regierung. Der Anteil weiblicher Abgeordneter im X. Deutschen Bundestag beträgt 9,8 % bzw. 51 Mandate. Dagegen stammen von 22 Redebeiträgen 16 von Frauen (73 %) und nur 6 von Männern (27 %). Dieser außergewöhnliche Tatbestand ist überwiegend auf den Beratungsgegenstand zurückzuführen: Frauenarbeitslosigkeit, Sicherung der Gleichbehandlung und Beseitigung der Diskriminierung von Frauen.

Die starke Partizipation der Regierung an der Debatte - Kanzler und Minister - ist abgesehen von der Tatsache, daß diese Parlamentssitzung im Fernsehen übertragen wurde - auch auf die gesellschaftliche Relevanz des Themas zurückzuführen. Neben Bundeskanzler Kohl sprechen die Minister der beteiligten Ressorts Arbeit und Sozialordnung (Blüm), bzw. Jugend, Familie und Gesundheit (Geißler) sowie die einzige Ministerin im Kabinett, Frau Wilms, Ministerin für Bildung und Wissenschaft.

Bezüglich der drei Faktoren Zuständigkeit, gegenstandsspezifische Zusatzqualifikationen und Status ließen sich folgende Tendenzen feststellen:

a) Zuständigkeit

Aus dem Ausschuß für Arbeit und Sozialordnung kommen sämtliche ordentliche weibliche Mitglieder zu Wort (Fr. Verhülsdonk, Fr. Adam-Schwaetzer und Fr. Steinhauer), zusätzlich noch der Abgeordnete Egert. Aus dem Ausschuß für Jugend, Familie und Gesundheit ergreift nur Fr. Männle das Wort. Zugehörigkeit zu einem der beiden federführenden Ausschüsse können somit 5 Abgeordnete nachweisen.

Ordentliche Mitgliedschaft zu einem mitberatenden Ausschuß war in keinem Fall nachweisbar, nur die stellvertretende Mitgliedschaft in zwei Fällen (Däubler-Gmelin, Matthäus-Maier).

Eine mehrfache Zuständigkeit ließ sich bei Verhülsdonk, Männle, Adam-Schwaetzer, Steinhauer und Egert feststellen.

Weibliche Abgeordnete, die beiden federführenden Ausschüssen gleichzeitig als ordentliches bzw. stellvertretendes Mitglied angehörten und somit hohe Kompetenz aufwiesen, kamen zu Wort (Verhülsdonk, Männle, Adam-Schwaetzer)

b) Gegenstandsspezifische Zusatzqualifikationen:
Abgesehen von der geschlechtsspezifischen Rolle der Frau und von den Erfahrungen durch die Ausschußtätigkeit konnte partieller Kompetenzerwerb für Frauenfragen auch durch Studium, frühere Berufsausübung oder parteiliches, gewerkschaftliches, kirchliches Engagement nachgewiesen werden.

An Gremien, die sich explizit mit Frauenproblemen beschäftigten, beteiligten sich 8 Rednerinnen (Verhülsdonk, Männle, Hürland, Potthast, Seiler-Albring, Skarpelis-Sperk, Renger, Däubler-Gmelin). Soziales Engagement, das Beschäftigung mit Frauenproblemen impliziert, ließ sich bis auf 5 Redner(-innen) bei allen nachweisen. Gegenstandsspezifische Zusatzqualifikation durch Studium bzw. frühere Berufstätigkeit zeigte sich in 8 Fällen (Wilms, Steinhauer, Kohl, Männle, Beck-Oberdorf, Martiny-Glotz, Däubler-Gmelin, Skarpelis-Sperk).

Bei vier von den fünf männlichen Rednern dieser Frauendebatte konnten gegenstandsspezifische Zusatzqualifikationen festgestellt werden: bei Kohl durch Studium, bei Geißler, Blüm und Egert durch Mitarbeit in parteilichen Gremien für Sozialpolitik.

c) Status
Vier Abgeordnete mit erstmaliger Parlamentszugehörigkeit erhalten das Wort: Fr. Rönsch (CDU/CSU), Fr. Seiler-Albring (FDP) und zwei MdBs der GRÜNEN, Fr.

Potthast und Fr. Beck-Oberdorf.

Frauen mit hohem Status in der Fraktion - d.h. Mitglied im Fraktionsvorstand, möglichst lange Parlamentszugehörigkeit - werden als Sprecherinnen dieser Debatte favorisiert (Renger, Hürland, Verhülsdonk, Adam-Schwaetzer, Däubler-Gmelin, Beck-Oberdorf).

Die kleinen Fraktionen der FDP und der GRÜNEN, aber - abgesehen von den Regierungsmitgliedern - auch die große Fraktion der CDU/CSU, stellen ausschließlich weibliche Redner.

Außer Kohl, Blüm und Geißler kommen nur noch zwei männliche Redner (Egert, Vogel, beide SPD) zu Wort. Beide verfügen über einen hohen Status innerhalb ihrer Fraktion. Vogel ist Fraktionsvorsitzender und Egert war ehemaliger Parlamentarischer Staatssekretär bei Ministerium für Arbeit und Sozialordnung.

3.2.1.2. Redeprivilegien

Bei genauer Betrachtung der Debatte fallen drei Sprecher auf, die Sonderrechte in Anspruch nehmen:
a) der Minister für Jugend, Familie und Gesundheit, Geißler
b) der Minister für Arbeit und Sozialordnung, Blüm
c) die Abgeordnete Fr. Beck-Oberdorf von den GRÜNEN

<u>zu a):</u>
Minister Geißler überzieht die zu Beginn der Debatte auf Vorschlag des Ältestenrats vereinbarte 10-Minuten Grenze pro Redebeitrag beträchtlich. Laut GG Art. 43/2 steht ihm jedoch als Mitglied der Regierung das Recht

auf jederzeitiges Gehör zu, das auch in der GOBT § 43 fixiert ist. Dabei untersteht er keiner zeitlichen Einschränkung, d.h. Regierungsmitglieder sowie ihre Beauftragten verfügen parlamentsrechtlich eigentlich über unbegrenzte Redezeit.

zu b):

Minister Blüm beteiligt sich an der Debatte mit zwei Beiträgen. Auch er überschreitet dabei einmal das vereinbarte 10-Minuten-Limit. Jedoch gilt auch für ihn die o.a. Bestimmung GG Art. 43/2 bzw. GOBT § 43 "Recht auf jederzeitiges Gehör".

Allerdings trafen in der X. Wahlperiode die Fraktionen regelmäßig auf Vorschlag des Ältestenrates Beschlüsse, die Debatten zeitlich zu begrenzen und zu kontingentieren, wobei die Redezeiten der Regierungsmitglieder den Koalitionsfraktionen zugerechnet wurden.[56] Die Redezeit der Oppositionsfraktionen wird durch längere Reden von Regierungsmitgliedern nicht beschnitten, sehr wohl dagegen das Redezeitkontingent der Koalitionsfraktionen.

Aufgrund dieser Praxis sehen sich Regierungsmitglieder veranlaßt durch gewisse freiwillige Selbstbeschränkung Rücksicht auf das Redezeitkontingent ihrer Fraktion zu nehmen und ihr Recht auf jederzeitiges Gehör nicht über Gebühr in Anspruch zu nehmen.

zu c):

Unter den MdBs erscheint Frau Beck-Oberdorf (GRÜNE) insoweit privilegiert, als sie die einzige Parlamentarierin ist, die zwei Debattenbeiträge abgibt.

---

56) vgl. Schindler, P. (Hrsg.): Datenhandbuch zur Geschichte des Deutschen Bundestages 1980-1984; Baden-Baden 1986, S. 545

Ihrer Fraktion stehen laut o.a. Beschluß 9,17 % der Gesamtredezeit von 4 Stunden zu, das sind 22 Minuten. Nach zwei Redebeiträgen von annähernd je 10 Minuten verbleibt der Fraktion der GRÜNEN noch ein Rest an Redezeit, der selbstverständlich von ihr in Anspruch genommen werden kann. Parlamentsrechtlich handelt es sich also nicht um ein Privileg, wohl jedoch in fraktioneller Hinsicht.
Die Bevorzugung innerhalb der Fraktion wird deutlich, wenn man bedenkt, daß diese restliche - wenn auch zugegebenermaßen geringe - Redezeit einer/einem dritten Abgeordneten der GRÜNEN-Fraktion zur Verfügung hätte gestellt werden können.

3.2.1.3. Reihenfolge der Redner

Die Geschäftsordnung des Bundestages gibt in § 28 konkrete Handlungsanweisungen.
"(1) Der Präsident bestimmt die Reihenfolge der Redner. Dabei soll ihn die Sorge für sachgemäße Erlediung und zweckmäßige Gestaltung der Beratung, die Rücksicht auf die verschiedenen Parteirichtungen, auf Rede und Gegenrede und auf die Stärke der Fraktionen leiten; insbesondere soll nach der Rede eines Mitgliedes oder Beauftragten der Bundesregierung eine abweichende Meinung zu Wort kommen.
(2) Der erste Redner in der Aussprache zu Vorlagen von Mitgliedern des Bundestages soll nicht der Fraktion des Antragstellers angehören. Antragsteller und Berichterstatter können vor Beginn und nach Schluß der Aussprache das Wort verlangen. Der Berichterstatter hat das Recht, jederzeit das Wort zu ergreifen."

Ein Ablaufdiagramm der ersten Debatte der 67. Sitzung des X. Deutschen Bundestages erleichtert es, die Berücksichtigung o.a. GOBT-Bestimmungen zu überprüfen.

Legende zum Ablaufdiagramm der Debatte:

Ⓔ Eröffnung der Aussprache
● Worterteilung
⊙ Worterteilung + Bemerkung des Sitzungsleiters
○ 10 Minuten Redezeit
Ⓢ Schließen der Aussprache

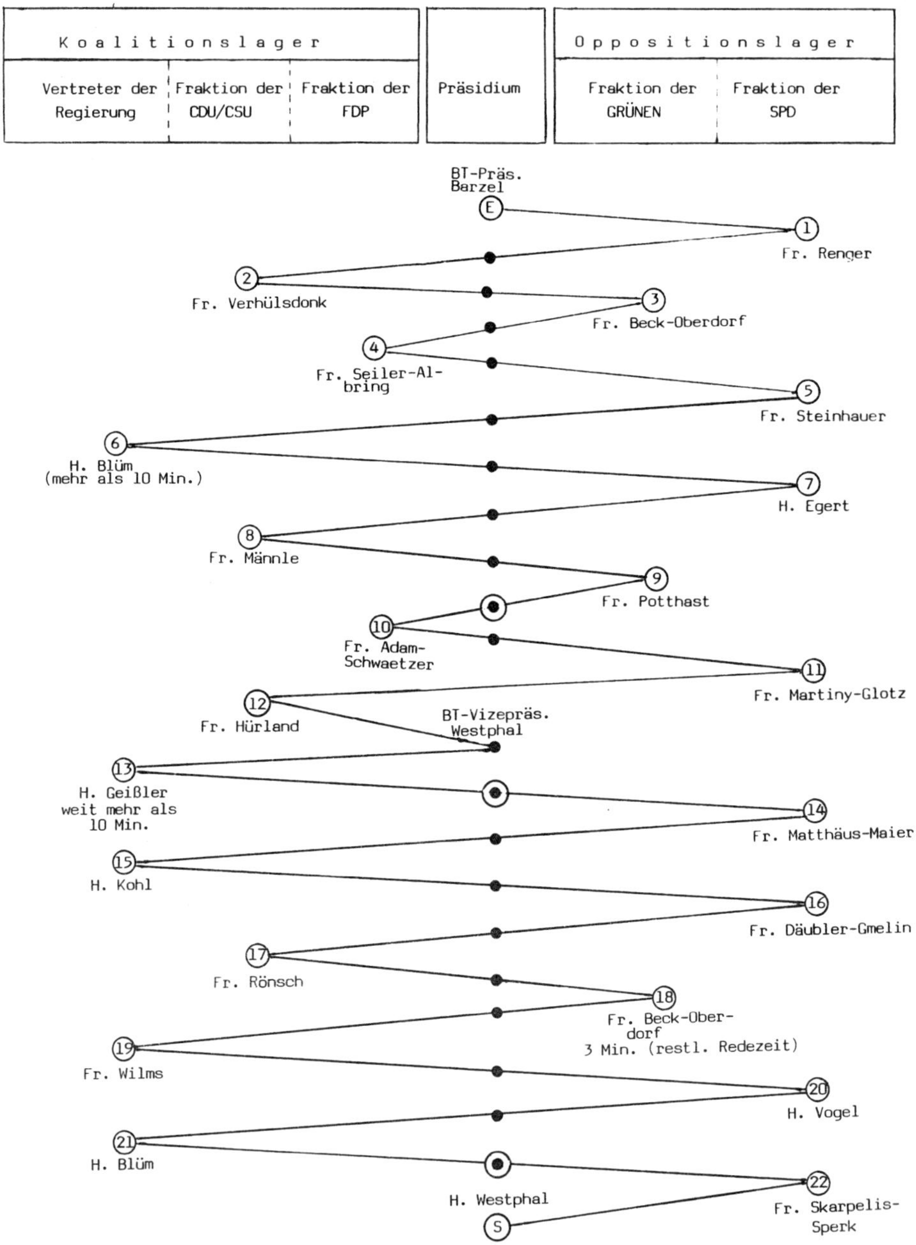

Abb. 3: Ablaufdiagramm der 'Frauendebatte' vom 12.4.84

Auswertung

a) Rücksicht auf verschiedene Parteirichtungen und auf die Fraktionsstärke

Die Konstellation des Plenums spiegelt sich in dem Debattenablauf wider. So kommen alle Fraktionen ihrer Stärke und dem vereinbarten Kontingentierungsschlüssel entsprechend zu Wort:

SPD	8 Beiträge a 10 Minuten
GRÜNE	2 Beiträge a 10 Minuten, 1 Beitrag mit restlicher Redezeit
FDP	2 Beiträge a 10 Minuten
CDU/CSU	9 Beiträge, darunter 5 von Regierungsmitgliedern und 4 von Abgeordneten.

b) Rede und Gegenrede

Polarisiert man die Debattenredner nach Koalitionslager und Oppositionslager, so pendelt die Rednerfolge in der untersuchten 'Frauendebatte' zwischen diesen beiden Lagern hin und her mit einer Ausnahme. Auf die zwölfte Rednerin, Frau Hürland (CDU/CSU-Fraktion), folgt Minister Geißler, der ebenfalls der CDU/CSU-Fraktion angehört; somit verbleibt das Wort im Mehrheitslager. Rein numerisch betrachtet stehen 11 Redebeiträge des Regierungslagers 11 Redebeiträgen der beiden Oppositionsfraktionen gegenüber.

c) Abweichende Meinung nach Rede eines Regierungsmitglieds

Diese GO-Bestimmung wurde stets eingehalten. In allen Fällen kam nach einem Regierungsmitglied ein Vertreter der Opposition zu Wort:

Regierungsmitglied	nachfolgender Redner	
Blüm	Egert	(SPD)
Geißler	Fr. Matthäus-Meier	(SPD)
Kohl	Fr. Däubler-Gmelin	(SPD)
Fr. Wilms	Vogel	(SPD)
Blüm	Fr. Skarpelis-Sperk	(SPD)

d) Erster Redner der Aussprache

Nach GOBT § 28/2 soll der erste Redner nicht der Fraktion des Antragstellers angehören. Dieser Bestimmung wurde nicht entsprochen. Frau Rengers Fraktion, die SPD, hatte einen Gesetzentwurf vorgelegt.

3.2.2. Die materiale Dimension

Die materiale Dimension wird nur gestreift, da der Schwerpunkt der Untersuchung auf der personalen und der prozessualen Dimension liegt.

3.2.2.1. Aufnahme in die Tagesordnung

Bereits im präplenaren Bereich wurde im Ältestenrat gemäß GOBT § 20/1 die Tagesordnung und der Termin dieser Sitzung konsensuell vereinbart. Auf diese Weise erfolgte - neben den intrafraktionellen Willensbildungen - entscheidende Weichenstellung, d.h. es wurde vorprogrammiert, welche Gegenstände in welcher Reihenfolge und mit welcher

Intensität im Plenum beraten werden. [1]

Der X. Deutsche Bundestag verhandelte in der ersten Debatte vom 12.4.81 Probleme der Frau in unsererer Gesellschaft:

a) Frauenarbeitslosigkeit
   (Beratung einer Großen Anfrage und ihrer Beantwortung)
b) Sicherung der Gleichbehandlung von Männern und Frauen am Arbeitsplatz
   (1. Beratung eines Gesetzentwurfs der SPD-Fraktion)
c) Beseitigung jeder Form von Diskriminierung der Frau
   (1. Beratung eines Gesetzentwurfs der Bundesregierung)

Folgende 'selbständige Vorlagen' (GOBT § 75/1 standen als Verhandlungsgegenstände der ersten Debatte auf der Tagesordnung und waren bereits vorher gemäß GOBT § 77/1 gedruckt und an die Mitglieder des Bundestages, des Bundesrates und an die Bundesministerien verteilt worden:

a) Frauenarbeitslosigkeit - Große Anfrage der SPD-Fraktion
   (Drucksache 10/561 vom 2.11.84)
   Antwort der Bundesregierung
   (Drucksache 10/871 vom 11.1.85)
b) Entwurf eines Gesetzes zur Sicherung der Gleichbehandlung von Männern und Frauen am Arbeitsplatz (SPD-Fraktion)
   (Drucksache 10/156 vom 15.6.83)
c) Entwurf eines Gesetzes zu dem Übereinkommen vom 18. Dez. 1979 [2] zur Beseitigung jeder Form der Diskriminierung der Frau (Entwurf der Bundesregierung)
   (Drucksache 10/955 vom 2.2.84)

---

1) vgl. dazu auch Kabel, R.: Entstehung der Tagesordnung durch interfraktionelle Vereinbarungen. In: Roll, H.-A. (Hrsg.): Plenarsitzungen des Deutschen Bundestages, Berlin 1982, S. 29ff.

2) Zur Beseitigung der Diskriminierung hatten die Vereinten Nationen 1979 eine Resolution beschlossen, die die Bundesregierung mit diesem Entwurf gesetzlich umsetzen will.

Auf Vorschlag des Ältestenrates entschied sich das Plenum für eine 'verbundene Beratung' gemäß GOBT § 24: "Die gemeinsame Beratung gleichartiger oder in Sachzusammenhang stehender Verhandlungsgegenstände kann jederzeit beschlossen werden."

Die Tagesordnung, deren erste Debatte drei Themenkomplexe umfaßte, wurde diesbezüglich vom Plenum ohne Modifikationen - Absetzung, Erweiterung, Umstellung - akzeptiert. Nach GOBT § 20/2 gilt die Tagesordnung als festgestellt, wenn vor Aufruf des ersten Punktes, d.h. vor dem Eintritt in die Tagesordnung kein Widerspruch bzw. kein Änderungsantrag durch ein Mitglied des Bundestages erfolgt.

3.2.2.2. Modifikationen und Beschlüsse

Auf die inhaltliche Dimension der Verhandlungsgegenstände wird durch unselbständige Vorlagen (z.B. Änderungsanträge, Entschließungsanträge, Beschlußempfehlungen und Berichte) Einflußnahme gesucht. Am Ende jedes Gesetzgebungsprozesses münden die Beratungen in mehrheitlich getroffene und verbindliche Beschlüsse des Plenums.

Obwohl die Tagesordnungspunkte a) - c) wegen substantieller Überschneidungen in einer verbundenen Beratung debattiert wurden, müssen die Vorlagen doch differenziert betrachtet werden. Bei Top a) handelte es sich um die Beratung einer Großen Anfrage an die Bundesregierung und ihre Beantwortung, bei Top b) und c) jeweils um die erste Lesung eines Gesetzentwurfes.

Insofern gelten für die inhaltliche Einflußnahme auf Gesetzentwurf bzw. Große Anfrage jeweils unterschiedliche Geschäftsordnungsbestimmungen.

a) Was Top b) und c) betrifft, so werden gemäß GOBT § 79 in der ersten Beratung eines Gesetzentwurfes "nur die Grundsätze der Vorlagen besprochen. Sachanträge dürfen nicht gestellt werden."

Aus diesem Grunde fand während der ersten Lesung keine materiale Modifikation statt; Änderungsanträge werden erst in der zweiten Lesung gestellt.

GOBT § 80 regelt die Überweisung eines Gesetzentwurfs am Schluß der ersten Beratung an einen Ausschuß, im Sonderfall an mehrere Ausschüsse, von denen dann aber einer federführend ist.

Für Top b) und c) wurden die Vorschläge des Ältestenrats akezptiert und die Überweisung an folgende Ausschüsse beschlossen:

Top b) Ausschuß für Arbeit und Sozialordnung (federführend)
Rechtsausschuß
Ausschuß für Jugend, Familie und Gesundheit

Top c) Ausschuß für Jugend, Familie und Gesundheit (federführend)
Innenausschuß
Rechtsausschuß
Ausschuß für Arbeit und Sozialordnung
Ausschuß für Bildung und Wissenschaft

b) Für Top a) wird § 101 GOBT relevant. Nach ihm wird die Große Anfrage nach Eingang der Antwort auf die Tagesordnung gesetzt und auf Verlangen einer Fraktion beraten.

Allerdings dürfen in diesem Fall - im Unterschied zur ersten Lesung eines Gesetzentwurfes - Anträge gestellt werden.

Die SPD-Fraktion brachte zum Top a) zwei Entschließungsanträge ein:

1. Drucksache 10/1236 vom 4.4.84
   Entschließungsantrag der Fraktion der SPD

   "Der Bundestag wolle beschließen:
   Die Bundesregierung wird aufgefordert, bis zum 1. Oktober 1984 Voraussetzungen dafür zu schaffen, damit die Regelungen der EG-Richtlinie 76/207/EWG zur 'Verwirkligung des Grundgesetzes der Gleichbehandlung von Männern und Frauen hinsichtlich des Zugangs zur Beschäftigung, zur Berufsausbildung und zum beruflichen Aufstieg sowie in bezug auf die Arbeitsbedingungen' auch im Bereich des öffentlichen Dienstes, einschließlich des Beamtenrechts, vollständig Anwendung finden."

2. Drucksache 10/1238 vom 11.04.84
   Entschließungsantrag der Abgeordneten Däubler-Gmelin u.a. und der Fraktion der SPD

   "Der Bundestag wolle beschließen:
   Die Bundesregierung wird aufgefordert, unverzüglich einen Gesetzentwurf vorzulegen, der Teilzeitarbeit, job-sharing, Tele-Heimarbeit und andere atypische Beschäftigungsverhältnisse voll in den arbeits- und sozialrechtlichen Schutz einbezieht und so der bestehenden mißbräuchlichen Ausnutzung der Vertragsfreiheit zu Lasten von Hunderttausenden von Arbeitnehmern - in erster Linie Frauen - einen Riegel vorschiebt ...

Die Bundesregierung wird aufgefordert, die Verabschiedung einer EG-Richtlinie tatkräftig und nachhaltig zu fördern, in der mindestens die aufgeführten Forderungen für den gesamten EG-Raum verbindlich festgelegt werden ..."

Entschließungsanträge sind gemäß GOBT § 75/2 "unselbständige Vorlagen" d.h. sie können nicht als eigenständige Verhandlungsgegenstände auf die Tagesordnung gesetzt werden.

Mit dem Instrument des 'Entschließungsantrags' versucht die SPD-Fraktion die Regierung zur Modifikation des Verhandlungsgegenstandes zu bewegen.

Die Entschließungsanträge wurden entsprechend GOBT § 88/1 nach Schluß der Aussprache an folgende Ausschüsse zur Beratung überwiesen:

Ausschuß für Arbeit und Sozialordnung(federführend)
Rechtsausschuß
Ausschuß für Wirtschaft

Der Antrag 10/1236 ging zusätzlich zur Mitberatung an den Innenausschuß.

3.2.3. Prozedurale Dimension

Im folgenden sollen erst die Selektion der Verfahren und Prozeduren beschrieben werden, schließlich die Partizipation der nicht als Redner eingeteilten Abgeordneten durch Zwischenfragen und Zwischenrufe und abschließend die Ordnung und Leitung der Sitzung.

3.2.3.1. Gestaltung der Aussprache

Bereits im präplenaren Bereich wurden Struktur und Umfang der Debatte durch Regeln und Vereinbarungen vorgeprägt. Dabei fungierten Fraktionsgeschäftsführung und Bundespräsidium bzw. der Ältestenrat als Weichensteller der parlamentarischen Verhandlung.

a) Öffentlichkeit und Mündlichkeit

Laut GOBT § 19 bzw. GG Art. 42/1 sind Sitzungen des Bundestages öffentlich; mit 2/3-Mehrheit kann allerdings die Öffentlichkeit ausgeschlossen werden.

Die 67. Sitzung des 10. Deutschen Bundestages am 12. April 1984 fan öffentlich statt. Öffentlichkeit bedingt gleichzeitig 'Mündlichkeit' der Verhandlung.

b) Verbindung der Beratung

Auf Vorschlag des Ältestenrats beschloß das Plenum, die Tagesordnungspunkte a - c zusammen zu debattieren, was GOBT § 24 ermöglicht:
"Die gemeinsame Beratung gleichartiger oder in Sachzusammenhang stehender Verhandlungsgegenstände kann jederzeit beschlossen werden".

c) Aussprache zu 1. Lesung

Bei zwei der drei in der Debatte vereinigten Tops handelte es sich um die erste Beratung von Gesetzentwürfen. In einer ersten Lesung findet gemäß GOBT § 79
"eine allgemeine Aussprache nur statt, wenn es vom Ältestenrat empfohlen, oder ... von einer Fraktion oder von anwesenden fünf vom Hundert der Mitglieder des Bundestages verlangt wird."

Aussprachen nach einer ersten Lesung finden in der Regel nur bei wichtigen Gesetzentwürfen statt.

d) Zeitpunkt der Aussprache

Da die Gesetzesentwürfe im zweiten Jahr der 10. Legislaturperiode verhandelt wurden, können nicht in erster Linie wahlstrategische Motive geltend gemacht werden.

Durch die Plazierung der Tops an den Anfang der Tagsordnung vom 12. Apill 1984 wurden günstige Voraussetzungen für eine Erledigung der Verhandlungsgegenstände geschaffen. Entsprechend GOBT § 20/1 galt: "Termin und Tagesordnung jeder Sitzung des Bundestages werden im Ältestenrat vereinbart ..."

Änderungsanträge zur Tagesordnung wurden nicht gestellt.

e) Dauer und Struktur

Auf Vorschlag des Ältestenrats beschloß der Bundestag eine vierstündige Debatte mit 10-Minuten-Beiträgen. GO-Grundlage dafür war GOBT § 35/1: "Gestaltung und Dauer der Aussprache über einen Verhandlungsgegenstand werden auf Vorschlag des Ältestenrats vom Bundestag festgelegt."

Dadurch wurde der Redezeitspielraum der Fraktionen und der einzelnen Abgeordneten eingeengt, der Debattenverlauf jedoch gestrafft.

f) Kontingentierung der Debatte

Gemäß einer interfraktionellen Vereinbarung galt im X. Deutschen Bundestag - also auch bei dieser Debatte - folgender, den Mehrheitsverhältnissen entsprechender Redezeitschlüssel: [1)]

---

1) vgl. Schindler, P. (Hrsg.), Datenhandbuch ... 1980-1984, a.a.O., S. 544f.

57,5 % Koalitionsfraktion : 33,33 % (SPD) :
9,17 % (DIE GRÜNEN)

Dies bedeutet für eine vierstündige Debatte folgende Redezeitverteilung im Idealfall:

Koalitionsfraktion	138 Min.	oder 13,8 Redner (a 10 Min.)
SPD:	80 Min.	8,0 Redner (a 10 Min.)
GRÜNE:	22 Min.	2,2 Redner (a 10 Min.)

Ergreifen Redner von Bundestagsregierung bzw. Bundesrat das Wort, so geht deren Redezeit zu Lasten der korrespondierenden Fraktion. Da sich in der untersuchten Debatte Regierungsmitglieder mit 5 Beiträgen beteiligten, kamen nur 6 Abgeordnete der Mehrheitsfraktionen zu Wort.

3.2.3.2. Partizipation der Abgeordneten (Zwischenfragen und Zwischenrufe)

Neben den Rednern traten in der analysierten Debatte weitere Abgeordnete hauptsächlich durch Zwischenrufe und Zwischenfragen in Erscheinung.

In der GOBT § 27/2 heißt es
"Für Zwischenfragen an den Redner in der Aussprache über einen Verhandlungsgegenstand melden sich die Mitglieder des Bundestages über die Saalmikrofone zu Wort. Zwischenfragen, die kurz und präzise sein müssen, dürfen erst gestellt werden, wenn der Redner sie auf eine entsprechende Frage des Präsidenten zuläßt."

Jeder Abgeordnete kann zwar durch Handzeichen oder Gang zum Saalmikrofon eine Zwischenfrage beantragen, er hat aber kein Recht auf Bewilligung.

In der Frauendebatte vom 12.4.84 sah die Relation der abgelehnten zu den gestatteten Zwischenfragen folgendermaßen aus:

	Fragesteller		Adressat/Redner	abgelehnt	gestattet beantwortet
1)	Beck-Oberdorf	(GRÜNE)	Blüm		X
2)	Beck-Oberdorf	(GRÜNE)	Geißler		X
3)	Hamm-Brücher	(FDP)	Geißler		X
4)	Menzel	(SPD)	Geißler		X
5)	Kuhlwein	(SPD)	Geißler	X	
6)	Günther	(CDU/CSU)	Matthäus-Maier	X	
7)	Adam-Schwaetzer	(FDP)	Däubler-Gmelin		X
8)	Hürland	(CDU/CSU)	Däubler-Gmelin		X
9)	Barzel	(CDU/CSU)	Vogel		X
10)	Kroll-Schlüter	(CDU/CSU)	Vogel	X	

Aus jeder der vier Bundestags-Fraktionen wurde mindestens eine Zwischenfrage eingebracht. Bei den Fragestellern fällt auf, daß in vier Fällen (40 %) - 2x Beck-Oberdorf, Adam-Schwaetzer, Hürland - Rednerinnen nochmals in die Debatte eingriffen.

Desweiteren ist außergewöhnlich, daß ein Bundestagspräsident als Fragesteller auftrat. Da er jedoch zu diesem Zeitpunkt die Sitzung nicht leitete, waren die formalen Voraussetzungen nach GOBT § 27/1 erfüllt.

Die Fragewünsche konzentrierten sich auf die redeprivilegierten Regierungsmitglieder (5 von 10 Frageanträgen, das sind 50 %), besonders auf Minster Geißler (4 Fragen, 40 %).

Von den insgesamt 10 Frageanträgen wurden nur drei abgelehnt (30 %), 7 dagegen gestattet (70%) und beantwortet.

Zum Zeitpunkt der Debatte wurde im Bundestag derart verfahren, daß die Zeit für Zwischenfragen und Beantwortung auf die Redezeit des jeweils sprechenden Abgeordneten angerechnet wurde.[1)] Dieses Regulativ erschwerte bzw. verhinderte die Bereitschaft zum Dialog. Meist unter Hinweis auf die ohnehin knapp bemessene Redezeit wurden viele Zwischenfragen abgelehnt - in der analysierten Debatte z.B. von Frau Matthäus-Maier und Herrn Vogel - bzw. nur wenige Fragen gestattet.

Insofern ist die Bereitschaft von Fr. Däubler-Gmelin zur Beantwortung von zwei Zwischenfragen hervorzuheben.

Minister Geißler beantwortet zwar drei Fragen, lehnt aber weitere Fragen generell ab, um andere Kollegen und Kolleginnen seiner Fraktion zu Wort kommen zu lassen, bzw. um das Redezeitkontingent der Koalitionsfraktionen nicht zu sehr zu belasten.

Zwischenrufe sind im Bundestag gewohnheitsrechtlich anerkannt und werden, soweit sie von den Parlamentsstenographen gehört werden, ins Plenarprotokoll übernommen. Zwar können nicht alle fixierten Äußerungen personal zugeordnet werden, zumindest aber den Fraktionen der Zwischenrufer.

---

1) Diese Praxis wurde ab Januar 1985 aufgegeben. Vgl. Plenarprotokoll X. Wahlperiode/114/17.1.1985/8438 D

Vor allem zwei Aspekte verdienen Beachtung: Wer ruft besonders häufig dazwischen und auf welchen Redner konzentrieren sich die Bemühungen?

Für die Frauendebatte ergab sich aus der Protokollanalyse folgendes Bild:

Zwischenrufer \ Jeweilige Redner	Renger	Verhülsdonk	Beck-Oberdorf	Seiler-Albring	Steinhauer	Blüm	Egert	Männle	Potthast	Adam-Schwaetzer	Martiny-Glotz	Hürland	Geißler	Matthäus-Maier	Kohl	Däubler-Gmelin	Rönsch	Beck-Oberdorf	Wilms	Vogel	Blüm	Skarpelis-Sperk	
CDU/CSU																							
ohne Namen	1		5				4	1	10		2			8		14	4	7	2	14		7	79
Weiß	3								2			1											6
Fr. Karwatzki			2																				2
Schäuble						1								2		1							4
Link (Diepholz)							15		2				1	1									19
Schulhoff							5																5
Feilcke							3					1		1		1							6
Fr. Verhülsdonk							1									1		1					3
Fr. Hellwig								1				1											2
Kansy									1		1			1									3
Hornung									2					1									3
Dregger												1											1
Fr. Berger																1							1
George																				1			1
Kroll-Schlüter																				3			3
Althammer																						1	1
CDU/CSU gesamt	4		7			1	28	2	17		3	4	1	14		18	4	8	2	18		8	139
FDP																							
ohne Namen				1																			1
Cronenberg	1																						1
Fr. Hamm-Brücher						1																	1
FDP gesamt	1			1		1																	3
SPD																							
ohne Namen	1	2	2	2	1	12			1	13			12		3	3			2		4		60
Fr. Däubler-Gmelin	1	1	1		2			2		1		2	10	1									21
Klejdzinski	2																						2
Fr. Fuchs		1				1					2	2	13	2		4				1			26
Vogel													1		1					3			5
Fr. Schmidt (Nürnberg)													1										1
Wolfram															1								1
Fr. Blunck															4								4
Lutz																3							3
SPD gesamt	4	4	3	2	3	13		2	1	16	2	4	37	3	9	10			2	4	4		123
DIE GRÜNEN																							
ohne Namen						14				1			3		1				5				24
Fr. Schoppe													1										1
Fr. Vollmer	1		2	1				1		1			6										12
Fr. Hickel						1																	1
Burgmann						2																	2
Horacek						1																	1
Fr. Beck-Oberdorf						3	2		1	3	1		5		1	1			1				18
Fr. Potthast						1																	1
DIE GRÜNEN gesamt	1		2	1		22	2	1	1	5	1		15		2	1			6				60
alle Fraktionen	10	4	12	4	3	37	30	5	19	21	6	8	53	17	11	29	4	8	10	22	4	8	325

Abb. 4: Statistik der Zwischenrufe (12.4.84)

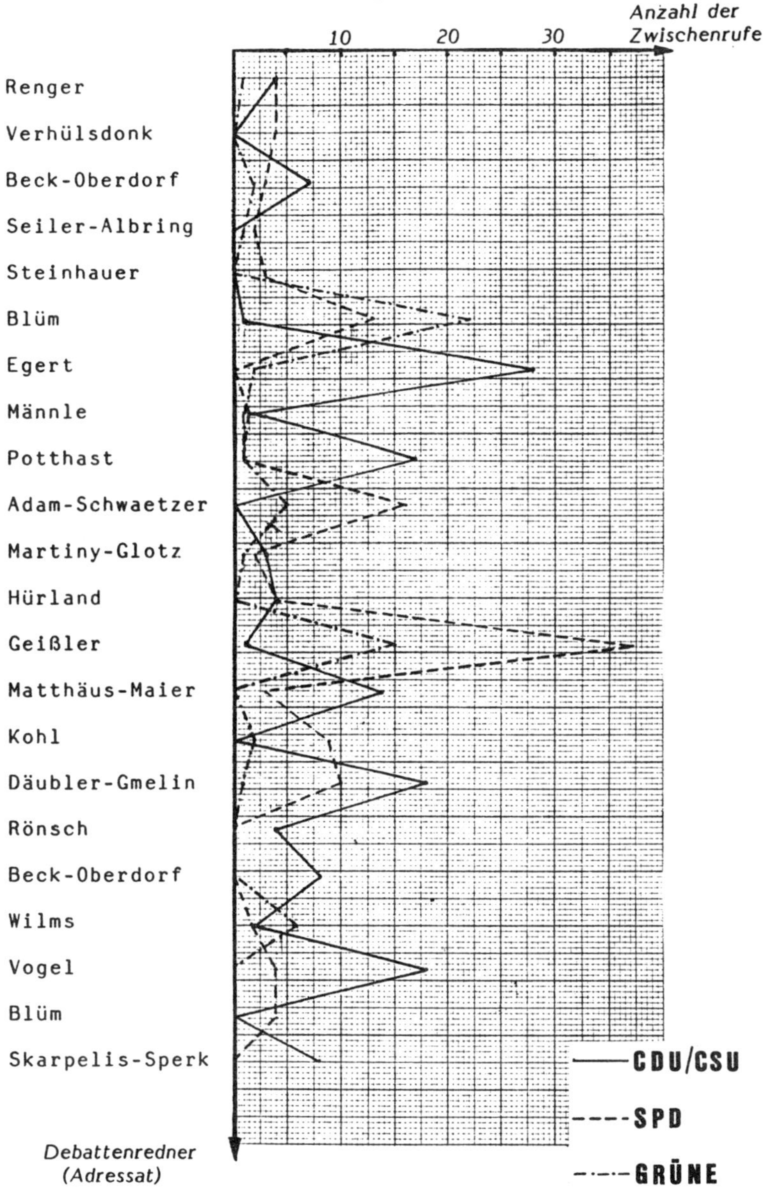

Abb. 5: Zwischenrufe aus den Fraktionen (12.4.84)
(ohne Berücksichtigung der FDP)

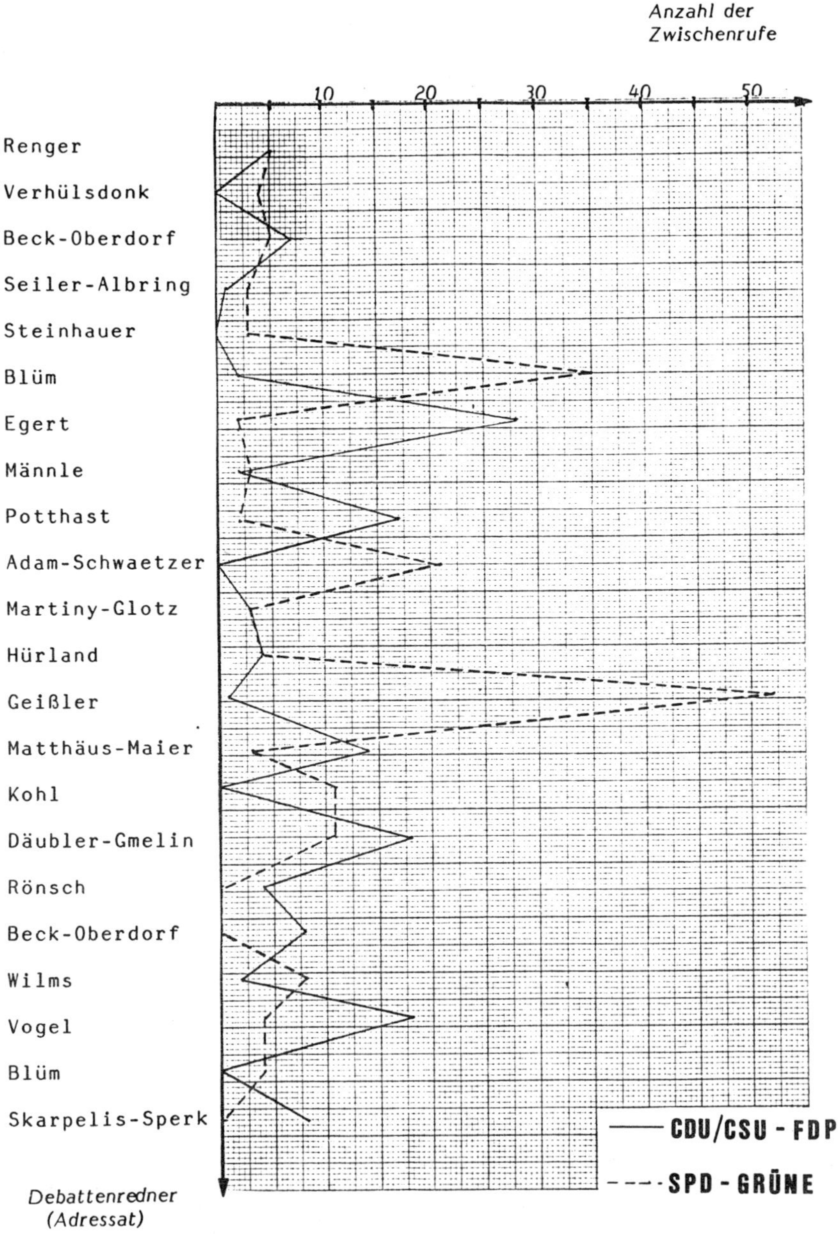

Abb. 6: Zwischenrufe von Koalitions- und Oppositionsfraktionen (12.4.84)

Diese quantitative Analyse läßt allerdings außer Betracht, daß Zwischenrufe zustimmenden oder ablehnenden, eher sachlichen oder eher personalen Charakter haben können. Eine derartige Differenzierung lag jedoch nicht in der Absicht des Autors; vielmehr sollte untersucht werden, wie häufig dieses Instrument parlamentarischer Partizipation angewendet wird.

Ein zweiter Aspekt muß ebenfalls berücksichtigt werden. Im Protokoll können nicht alle tatsächlich erfolgten Zwischenrufe festgehalten werden. Vor allem wenn mehrere Äußerungen synchron erfolgen stellt ihre vollständige Fixierung die Parlamentsstenographen vor eine unlösbare Aufgabe.

Berücksichtigt man diese Relativierung, so können aus den im Plenarprotokoll niedergelegten Zwischenrufen einige zumindest tendenzielle Erkenntnisse gewonnen werden.

- Im untersuchten Protokoll der Debatte zeigte sich eine erhebliche Nutzung dieser 'Partizipationsmöglichkeit': Es gab 325 Zwischenrufe. Davon konnten 161 namentlich zugeordnet werden, 164 Zwischenrufe nur den Fraktionen.

- Dabei beteiligten sich alle Fraktionen. Die FDP agierte äußerst zurückhaltend (3 ZR). Im Gegensatz dazu kamen aus der anderen kleinen Fraktion der GRÜNEN 60 Zwischenrufe. SPD- und CDU/CSU-Fraktionsmitglieder betätigten sich ebenfalls oft und annähernd gleich häufig (SPD 123 ZR, CDU/CSU 139 ZR) als Zwischenrufer.

- Von den 32 namentlich erwähnten MdBs sind 18 männlich und 14 weiblich, woraus der Schluß gezogen werden kann, daß in der Frauendebatte die männlichen MdBs sich zwar als Redner, nicht jedoch als Zwischenrufer Zurückhaltung auferlegten.

- Im Schnitt erfolgte jede Minute mehr als ein Zwischenruf (240 Min./325 ZR). Dabei wurden jedoch wie o.a. längst nicht alle Zwischenrufe protokollarisch erfaßt.

- Als häufigste Zwischenrufer fielen folgende Abgeordneten auf:

F. Fuchs	SPD	26 Zwischenrufe (ZR)
Fr. Däubler-Gmelin	SPD	21 ZR
Link (Diepholz)	CDU/CSU	19 ZR
Fr. Beck-Oberdorf	GRÜNE	18 ZR
Fr. Vollmer	GRÜNE	12 ZR

- Favorisierte Adressaten der Zwischenrufer waren:

Geißler	CDU/CSU	53 x	
Blüm	CDU/CSU	37 x	(1. Debattenbeitrag)
Egert	SPD	30 x	
Fr. Däubler-Gmelin	SPD	29 x	
Vogel	SPD	22 x	
Fr. Potthast	GRÜNE	21 x	
Fr. Adam-Schwaetzer	FDP	21 x	

- Die Zwischenruf-Aktivität der Mehrheitsfraktionen bzw. der Oppositionsfraktionen stieg im allgemeinen bei Reden des parlamentarischen Gegners, was sich graphisch durch zwei gegenläufige Wellenbewegungen darstellen läßt. Hohe Zwischenruf-Aktivitäten der Oppositionsfraktionen korreliert meist mit geringerer Zwischenruf-Aktivität der Mehrheitsfraktionen und umgekehrt.

- Gelungene Zwischenrufe, sofern sie taktisch und zeitlich günstig plaziert werden und vom Stenographen festgehalten werden können, sind eine nicht zu unterschätzende Möglichkeit, kurze Wertungen sachlicher oder personaler Art im Plenarprotokoll unterzubringen.

3.2.3.3. Ordnung und Leitung

a) Sitzungsleitende Präsidenten

Die 1. Debatte der 67. Sitzung des X. Deutschen Bundestages wurde vom Bundestagspräsident Barzel (CDU/CSU) und von einem der insgesamt vier Vizepräsidenten, Westphal (SPD) abwechselnd geleitet. Der sitzungsleitende Vizepräsident verfügt über sämtliche Rechte des Parlamentspräsidenten.

Die weiteren Vizepräsidenten Annemarie Renger (SPD), Richard Stücklen (CDU/CSU) und Richard Wurbs (FDP) traten dabei nicht in Erscheinung.

Die einzelnen Fraktionen bitten meist erfahrene Politiker mit großer Reputation sich für eine Wahl zum Bundestagspräsidenten bzw. Stellvertreter zur Verfügung zu stellen, da dieses Amt im Spannungsfeld zwischen gebotener Überparteilichkeit und faktisch gegebener Parteizugehörigkeit steht.

Die folgenden biographischen Angaben über die beiden sitzungsleitenden Präsidenten, die dem Amtlichen Handbuch des X. Deutschen Bundestages entnommen wurden, belegen dies:

Barzel, Dr. Reiner (CDU)

MdB seit 1957

Dez. 1962 - Okt. 1963	Bundesminister für gesamtdeutsche Frage
Dez. 1964 - Mai 1973	Vorsitzender CDU/CSU-Fraktion
Jan. 1977 - Febr. 1979	Vorsitzender des Wirtschaftsausschusses des Bundestages
Dez. 1980 - Okt. 1982	Vorsitzender des Auswärtigen Ausschusses des Bundestages
Okt. 1982 - März 1983	Bundesminister für innerdeutsche Beziehungen
März 1983 - Okt. 1984	Bundestagspräsident

Westphal, Heinz (SPD)

MdB seit 1965

Okt. 1969 - Mai 1974	Staatssekretär beim Bundesminister für Jugend, Familie und Gesundheit
1976 - 1982	Vorsitzender des Arbeitskreises Öffentliche Finanzwirtschaft der SPD-Fraktion
April - Oktober 1982	Bundesminister für Arbeit und Sozialordnung
ab 29. März 1983	Vizepräsident des Deutschen Bundestages

b) Eröffnung

Entsprechend GOBT § 7 und § 22 eröffnete und leitete Bundestagspräsident Barzel die 67. Sitzung des 10. Deutschen Bundestags. Nach Aufruf der Tagesordnungspunkte a - c galt die Tagesordnung gem. GOBT § 20/2 als festgestellt. Die Empfehlungen des Ältestenrats bezüglich Dauer und Gestaltung der Debatte wurden anschließend vom Plenum beschlossen (GOBT § 35/1). Der Präsident fragte, ob das Wort zur Begründung der Vorlage gewünscht werde, was nicht der Fall war. Gemäß GOBT § 28/2 können Antragsteller vor Beginn und nach Schluß der Aussprache das Wort verlangen.

Durch die Worterteilung an den ersten Redner (GOBT § 27) eröffnete der Präsident die Aussprache (GOBT § 23) über die drei zusammengefaßt debattierten Vorlagen (GOBT § 24).

c) Verlaufssteuerung

Die Worterteilung (GOBT § 27) durch den Präsidenten erfolgte meist kurz mit einem Satz: "Das Wort hat die/der Abgeordnete ..." Nur in drei Fällen gaben die Sitzungsleiter kurze Anmerkungen.

Als die Abgeordnete der GRÜNEN, Fr. Potthast, von einem "Zuckerguß über einem riesigen Scheißhaufen" [1] sprach, rief sie Präsident Barzel nicht gemäß GOBT § 36 zur Ordnung, sondern richtete nach ihrer Rede folgende Bitte an das Plenum:

---

1) Ungekürztes Plenarprotokoll. In: Deutscher Bundestag (Hrsg.): Zur Sache 1(84 - Probleme der Frau in unserer Gesellschaft; Bonn 1984, S. 128

"Meine Damen und Herren, es hat eben etwas Unruhe gegeben wegen eines parlaments-unüblichen Wortes. Nachdem aber dieses Wort in einer früheren Debatte durch ein Mitglied des Hauses männlichen Geschlechts eingeführt worden ist, habe ich es überhört. Es nützt uns aber allen nichts. Ich bitte wirklich, sich doch an die Üblichkeiten hier zu halten." [1)]

Damit kam Barzel der Aufgabe des Parlamentspräsidenten nach, auf die Würde und die Ordnung des Hauses zu achten (GOBT § 7). Nach zwei Stunden wurde Barzel in der Verhandlungsführung von Vizepräsident Westphal abgelöst.

Als es während der Rede Geißlers lebhafter wurde - was sich in der hohen Zwischenruffrequenz zeigt - verzichtete Vizepräsident Westphal auf die Benutzung der Glocke bzw. auf einen Ordnungsruf und begründete dies nach der Rede des Ministers folgendermaßen:

"Meine Damen und Herren, man darf hier oben auch einmal ein bißchen großzügig sein." [2)]

Die dritte kurze Bemerkung galt einer Geburtstagsgratulation:

"Als letzte Rednerin in dieser Debatte hat Fr. Dr. Skarpelis-Sperk das Wort. Ich möchte dem Haus mitteilen, daß wir ihr zum Geburtstag gratulieren können." [3)]

---

1) ders., a.a.O., S. 132
2) ders., a.a.O., S. 155
3) ders., a.a.O., S. 193

d) Schluß der Aussprache

Da keine weiteren Wortmeldungen vorlagen, schloß Vizepräsident Westphal gemäß GOBT § 25/1 die Aussprache.

Die Vorlagen zu Top b) und c) der Tagesordnung (Gesetzesentwuürfe) wurden an die vom Ältestenrat empfohlenen Ausschüsse überwiesen (GOBT § 80/1), die Entschließungsanträge zu Top a) der Tagesordnung (Große Anfrage) gingen auf Antrag der SPD-Fraktion gemäß GOBT § 88 ebenfalls an Ausschüsse zur Beratung.

3.3. Fallbeispiel 2

107. Sitzung des Bayerischen Landtages
am 10. Juni 1986
Aktuelle Stunde
"Maßnahmen und finanzielle Hilfen nach dem Reaktor-
unfall von Tschernobyl"

3.3.1. Personale Dimension

Im folgenden werden analog dem ersten Fallbeispiel neben der Rednerselektion vor allem die Nutzung von Redeprivilegien und die Reihenfolge der Redner untersucht.

3.3.1.1. Selektion der Redner

Dieser Prozeß läuft zum großen Teil intrafraktionell im präplenaren Raum ab. Die Geschäftsordnung der SPD-Landtagsfraktion bestimmt in § 8: "Die Fraktionsversammlung bestimmt die Redner, die im Plenum die Auffassung der Fraktion zu vertreten haben. Beteiligen sich weitere Mitglieder an der Parlamentsdebatte, so haben diese sich vorher mit dem Fraktionsvorsitzenden zu verständigen."

Auch die Geschäftsordnung der CSU-Fraktion regelt die Sprecherselektion in § 13/4: "Die Arbeitskreise schlagen der Fraktionsversammlung die Redner vor, die in den Landtagssitzungen für die Fraktion sprechen sollen."

Da diese Bestimmungen nur das procedere nicht aber zugrundeliegende Auswahlkriterien offenlegen, werden die biographischen Daten der Redner im Hinblick auf folgende Aspekte untersucht: Parlamentarische Zuständigkeit, d.h. die Zugehörigkeit zu einem Ausschuß, der sich mit Anträgen in dem verhandelten Problemfeld beschäftigt. Des weiteren werden gegenstandsspezifische Zusatzqualifikationen, d.h. vor allem der berufliche Erfahrungshorizont im Hinblick auf das Thema der Aktuellen Stunde berücksichtigt. Zum dritten wird der Status der Redner innerhalb ihrer Fraktion anhand der Parameter Dauer der Parlamentszugehörigkeit, Mitglied des Fraktionsvorstands, Ausschußvorsitz, Arbeitskreisleiter etc. beschrieben.

Die biographischen Daten wurden dem Handbuch des X. Bayerischen Landtags entnommen.

Redner der Regierung

1) Eisenmann, Dr. Hans

a. Zuständigkeit:	Staatsminister für Ernährung, Landwirtschaft und Forsten
b. Gegenstandspezifische Zusatzqualifikationen:	Diplomlandwirt, Dr. agrar
c. Status:	Minister MdL seit 1962

2) Dick, Alfred

a. Zuständigkeit:	Staatsminister für Landesentwicklung und Umweltfragen
b. Gegenstandsspezifische Zusatzqualifikationen:	-
c. Status:	Minister MdL seit 1962

Redner der CSU-Fraktion

1) Asenbeck,Nikolaus

a) Zuständigkeit:	Ausschuß für Verfassungs-, Rechts- und Kommunalfragen
b) Gegenstandsspezifische Zusatzqualifikationen:	Praktizierender Landwirt, Landwirtschaftsmeister
c) Status:	MdL seit 1970

2. Wengenmeier, Richard

a) Zuständigkeit:	Vorsitzender des Ausschusses für Staatshaushalt und Finanzfragen
b) Gegenstandsspezifische Zusatzqualifikationen:	-
c) Status:	MdL seit 1962 Mitglied des Fraktionsvorstandes Ausschußvorsitzender (vgl. a.)

3. Feneberg, Josef

a. Zuständigkeit:	Vorsitzender des Ausschusses für Ernährung und Landwirtschaft
b. Gegenstandsspezifische Zusatzqualifikationen:	Landwirt
c. Status:	MdL seit 1970 Mitglied des Fraktionsvorstandes Ausschußvorsitzender

4. Fickler, Georg

a. Zuständigkeit:	Ausschuß für Landesentwicklung und Umweltfragen
b. Gegenstandsspezifische Zusatzqualifikationen:	Gärtnermeister seit 1970 Vorsitzender des Kreisverbandes Unterallgäu für Gartenbau und Landespflege
c. Status:	MdL 1977/78 und ab 1979

5. Gürteler, Richard

a. Zuständigkeit:	Ausschuß für Wirtschaft und Verkehr Ausschuß für Geschäftsordnung und Wahlprüfung
b. Gegenstandsspezifische Zusatzqualifikationen:	Bäckermeister Landesvorsitzender der AG Mittelstand der CSU Stellvertretender Bundesvorsitzender der Mittelstandsvereinigung der CDU/CSU
c. Status:	MdL seit 1974

6. Mittermeier, Jakob

a. Zuständigkeit:	Ausschuß für Landesentwicklung und Umweltfragen
b. Gegenstandsspezifische Zusatzqualifikationen	-
c. Status:	MdL seit 1978

Redner der SPD-Fraktion

1. Kolo, Hans

a. Zuständigkeit:	Stellvertr. Vorsitzender des Ausschusses für Landesentwicklung und Umweltfragen
b. Gegenstandsspezifische Zusatzqualifikationen:	-
c. Status:	stellv. Ausschußvorsitzender MdL seit 1970

2. <u>Geisperger,</u> Fritz

a. Zuständigkeit:	Stellv. Vorsitzender des Ausschusses für Ernährung und Landwirtschaft
b. Gegenstandsspezifische Zusatzqualifikationen:	-
c. Status:	stellv. Ausschußvorsitzender MdL seit 1974

3. <u>Starzmann,</u> Gustav

a. Zuständigkeit:	Ausschuß für Landesentwicklung und Umweltfragen
b. Gegenstandsspezifische Zusatzqualifikationen:	Dipl.-Ingenieur
c. Status:	MdL seit 1982

4. <u>Franz,</u> Herbert

a. Zuständigkeit:	Ausschuß für Ernährung und Landwirtschaft
b. Gegenstandsspezifische Zusatzqualifikationen:	Dipl.-Ingenieur
c. Status:	MdL seit 1981

5. <u>Heinrich,</u> Horst

a. Zuständigkeit:	Ausschuß für Landesentwicklung und Umweltfragen
b. Gegenstandsspezifische Zusatzqualifikationen:	-
c. Status:	MdL seit 1974

6. Ritzer, Dr. Helmut

a. Zuständigkeit:	Ausschuß für Landesentwicklung und Umweltfragen
b. Gegenstandsspezifische Zusatzqualifikationen:	Verwaltungsdirektor a.D. von 1979 an Leiter des Amtes für öffentliche Ordnung und Umweltschutz der Stadt Nürnberg
c. Status:	MdL seit 1982

Auswertung:

Für die untersuchte Aktuelle Stunde ergaben sich folgende Tendenzen bezüglich der Rednerselektion.

a. Zuständigkeit

Die beiden hauptsächlich betroffenen Ressortminister Dick (Landesentwicklung und Umweltfragen) und Dr. Eisenmann (Ernährung, Landwirtschaft und Forsten) beteiligten sich persönlich an der Aktuellen Stunde.

Die meisten Redner gehören entweder dem Ausschuß für Landesentwicklung und Umweltfragen an (6 Abgeordnete) bzw. dem Ausschuß für Ernährung und Landwirtschaft (3 Abgeordnete).

Während alle 6 Sprecher der SPD-Fraktion in o.a. Ausschüssen sitzen, bringt die Fraktion der CSU durch MdLs aus anderen Ausschüssen weitere Aspekte in die Aktuelle Stunde ein:

a) die Folgen Tschernobyls für den Mittelstand (MdL Gürteler)
b) die finanzielle Seite der Entschädigung (MdL Wengenmeier, Haushaltsausschuß):

b. Gegenstandsspezifische Zusatzqualifikationen

Neben der Zugehörigkeit zum Ausschuß können für den Problembereich gegenstandsspezifische Zusatzqualifikationen auch durch berufliche Erfahrungen bzw. durch soziales oder parteiliches Engagement erworben werden.

Berufliche Kompetenz für den Verhandlungsgegenstand war bei 6 Abgeordneten nachweisbar (Ingenieure, Landwirte, Umweltfachmann) Asenbeck, Feneberg, Franz, Dr. Ritzer, Fickler und Starzmann.

Auch Minister Dr. Eisenmann verfügt als Diplomlandwirt und Dr. agrar über berufliche Kompetenzen.

c. Status

Zwei Abgeordnete mit erstmaliger Parlamentszugehörigkeit kommen bei der SPD-Fraktion zu Wort (Starzmann und Dr. Ritzer). Beide gehören jedoch dem Ausschuß für Landesentwicklung und Umweltfragen an.

Mit Kolo und Geisperger kommen die stellvertretenden Ausschußvorsitzenden der hauptsächlich betroffenen Ausschüsse zu Wort, mit Feneberg auch der Vorsitzende des Ausschusses für Ernährung und Landwirtschaft. Zusätzlich spricht mit Wengenmeier ein weiterer Ausschußvorsitzender (Haushaltsausschuß). Von 12 Rednern der Fraktionen - ohne die Regierungsmitglieder - sind also 4 Abgeordnete Ausschußvorsitzende bzw. Stellvertretende Vorsitzende (33 %). Hörfunk und Fernsehen des Bayerischen Rundfunks und das ZDF nahmen die Aktuelle Stunde auf, was dafür mitentscheidend sein kann, daß die Obmänner bzw. Vorsitzenden auf ihrer Wortmeldung beharren und geringe Bereitschaft zeigen, weniger bekannte

Ausschußkollegen ihrer Fraktion reden zu lassen.

Es fällt weiterhin auf,daß keine der 15 weiblichen Abgeordneten zu Wort kommt. Allerdings gehört dem 25-köpfigen Ausschuß für Landesentwicklung und Umweltfragen keine einzige Frau an; im Ausschuß für Ernährung und Landwirtschaft sitzen jedoch zwei weibliche Abgeordnete der CSU-Fraktion.

3.3.1.2. Redeprivilegien

In der untersuchten aktuellen Stunde nutzen vor allem die Regierungsvertreter Minister Dick und Minister Dr. Eisenmann ihnen zustehende Redeprivilegien.

Laut BV Art. 24 Abs. 2 und laut GOBayL § 126 verfügen sie über ein unbegrenztes Zutritts- und Anhörungsrecht bei allen Sitzungen des Landtags und der Ausschüsse. Sie können dabei auch außerhalb der Tagesordnung, aber nach Abschluß einer Rede vom Präsidenten bzw. vom Ausschußvorsitzenden das Wort verlangen.

In GOBayL § 75/3 wird zudem festgestellt, daß die Redezeit von Staatsministern in der Aktuellen STunde unberücksichtigt bleibt. Zusätzlich reglementiert die Bestimmung folgendes:
"Ergreift ein Mitglied der Staatsregierung das Wort für mehr als zehn Minuten, erhält auf Antrag einer Fraktion einer ihrer Redner Gelegenheit, fünf Minuten ohne Anrechnung auf die Zeit der Dauer zu sprechen."

Von dieser Regelung konnte kein Gebrauch gemacht werden, da die Minster Dick und Eisenmann zwar ihr Redeprivileg nutzten und über fünf, jedoch weniger als 10 Minuten sprachen.

Im Vergleich zu 'gewöhnlichen' Abgeordneten sind auch die Ausschußvorsitzenden bzw. die stellvertretenden Ausschußvorsitzenden bzw. Arbeitskreisleiter im Vorteil, was die Redefrequenz im Plenum betrifft. Dieses Redevorrecht ist zwar nicht kodifiziert, wird aber im parlamentarischen Alltag häufig in Anspruch genommen. Im untersuchten Fall kommen zwei Ausschußvorsitzende und zwei stellvertretende Ausschußvorsitzende zu Wort (Kolo, Geisperger von der SPD-Fraktion und Feneberg, Wengenmeier von der CSU-Fraktion).

Der Abgeordnete Kolo erhielt nach Abschluß der Aktuellen Stunde gemäß GOBayL § 110 erneut das Wort zu einer persönlichen Bemerkung, in der er einen Angriff Minister Dicks zurückwies. Allerdings handelt es sich in diesem Fall keinesfalls um ein Redeprivileg, vielmehr um ein GO-Recht, das jedem Abgeordneten zusteht.

3.3.1.3. Reihenfolge der Redner

Die Redner sprechen gemäß GOBayL § 102/1 in der Reihenfolge, in der sie sich beim Schriftführer gemeldet haben. Diese Meldung läuft, den Fraktionsordnungen entsprechend, über die jeweiligen parlamentarischen Geschäftsführer.

Der Parlamentspräsident kann sofern es sachdienlich ist, von der Reihenfolge der Meldung abweichen.

Da in der Aktuellen Stunde bei strikt eingehaltener Redezeit von 5 Minuten - ohne Berücksichtigung der Regierungsmitglieder - nur maximal 12 Redner zu Wort kommen, haben die Fraktionen ihre Redner meist in der vorauslaufenden Fraktionsvollversammlung eingeteilt.

GOBayL § 102/2 "Wortmeldungen können ab Eröffnung der Sitzung bis zum Schluß der Aussprache über den Tagesordnungspunkt zu dem sich der Redner meldet, erfolgen" wird insofern hinfällig. Eher nützlich und praktikabel ist für die Fraktionsspitzen im Bedarfsfall die Möglichkeit der Wortübertragung, die GOBayL § 103 einräumt.

Legende zum Ablaufdiagramm der Aktuellen Stunde:

Ⓔ	Eröffnen der Aktuellen Stunde
•	Worterteilung
⊙	Bemerkungen des Sitzungsleiters
🔔	Glocke
○	5 Minuten Redezeit
Ⓢ	Schließen der Aktuellen Stunde

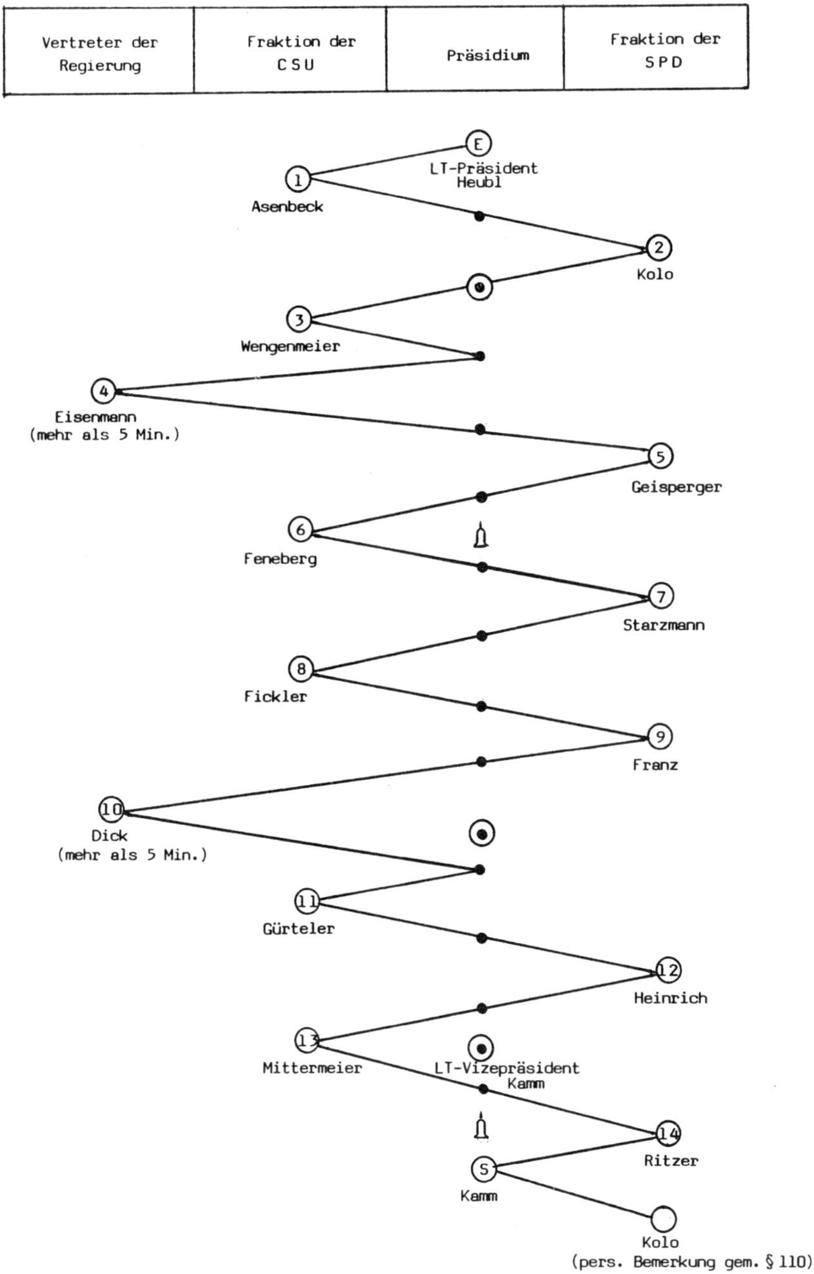

Abb. 7: Ablaufdiagramm der Aktuellen Stunde vom 10.6.86

Auswertung

Das Ablaufdiagramm zeigt eine völlige Halbierung der Redezeit zwischen den beiden Landtagsfraktionen und keine den Mehrheitsverhältnissenentsprechende Aufteilung der Redezeit. Jede Fraktion kommt mit 6 Beiträgen á 5 Minuten auf 30 Minuten Gesamtredezeit. Die Beiträge der Regierungsmitglieder, die auch Fraktionsmitglieder der CSU sind,werden dabei nicht berücksichtigt, da ihre Redezeit nicht auf die Aktuelle Stunde angerechnet wird. Jedoch können Regierungsvertreter und die sie tragende Mehrheitsfraktion als Meinungsblock der Oppositionsfraktion gegenübergestellt werden.

Das dialektische Strukturprinzip von Rede und Gegenrede wird an zwei Stellen unterbrochen. Nach MdL Wengenmeier (CSU) spricht Minister Eisenmann, der ebenfalls der CSU-Fraktion angehört und nach Minister Dick (CSU) kommt der CSU-Abgeordnete Gürteler zu Wort.

Das Prinzip der abweichenden Meinung nach der Rede eines Regierungsmitglieds wird einmal eingehalten und einmal nicht. Nach Minister Eisenmann spricht Geisperger (SPD-Fraktion), während im anderen Fall, also nach der Rede des Ministers Dick, mit Gürteler ein Mitglied der Mehrheitsfraktion zu Wort kommt. Nach Schluß der Aktuellen Stunde erhält MdL Kolo gemäß GOBayL § 110 noch einmal das Wort zu einer persönlichen Bemerkung, in der er nur Angriffe aus der Aussprache zurückweisen, eigene Ausführungen berichtigen, nicht aber zur Sache sprechen kann.

3.3.2. Materiale Dimension

Die materiale Dimension wird nur im Zusammenhang mit prozeduralen Faktoren untersucht, da der Schwerpunkt der Arbeit weitgehend auf den personal-prozeduralen Aspekten liegt.

3.3.2.1. Aufnahme in die Tagesordnung

Gemäß GOBayL § 75/1 findet auf Antrag einer Fraktion - in diesem Fall die CSU - oder 20 Abgeordneten "aus aktuellem Anlaß über eine bestimmt bezeichnete Frage, die von allgemeinem Interesse ist und die Kompetenz des Landes betrifft, eine Aussprache statt." Drei Kriterien müssen demgemäß für die Beantragung einer Aktuellen Stunde erfüllt werden:
- aktueller Anlaß
- Frage von allgemeiner Bedeutung
- Zuständigkeit des Landes.

Alle drei Bedingungen könne für den untersuchten Fall - Aktuelle Stunde mit dem Thema "Maßnahmen und finanzielle Hilfen nach dem Reaktorunfall in Tschernobyl" - bestätigt werden, wenngleich die Zuständigkeit Bayerns mit Kompetenzen des Bundes abgestimmt werden muß. Der Antrag einer Aktuellen Stunde ist schriftlich beim Landtagspräsidenten spätestens 24 Stunden vor Beginn der nächsten Sitzung einzureichen (GOBayL § 75/1). Die Fraktion der CSU hatte mit Schreiben vom 4. Juni die Aktuelle Stunde beantragt und somit diese Forderung erfüllt.

Der Präsident setzt den Besprechungsgegenstand auf die Tagesordnung, wenn er den Antrag für zulässig und den Besprechungsgegenstand für geeignet hält. Ist dies nicht der Fall, unterbreitet er den Antrag dem Landtag zu Beginn der nächsten Sitzung." (GOBayL § 75/2)

In den meisten Fällen jedoch wird die Tagesordnung - und damit auch die Aktuelle Stunde - gemäß GOBayL § 100/1 vom Ältestenrat festgelegt.

Weiterhin wird in § 75/4 reguliert, daß im Rahmen der Aktuellen Stunde nur ein Thema besprochen wird. Liegen mehrere Anträge zu verschiedenen Themen vor, so wird, wenn der Landtag nichts anderes beschließt, das zuerst beantragte Thema besprochen.

Weiterhin wird der GOBayL-Bestimmung § 75/5 entsprochen, die besagt, daß die Sitzungsfolge mit der Aktuellen Stunde beginnen solle, sofern der Ältestenrat nichts anderes beschließe. Der Tagesordnungspunkt 'Aktuelle Stunde' wurde weder verändert noch umgestellt oder abgesetzt.

3.3.2.2. Modifikationen und Beschlüsse

Anträge zur Sache können gemäß GOBayL § 75/3 in einer Aktuellen Stunde nicht gestellt werden.

Beschlüsse können ebenfalls im Rahmen einer Aktuellen Stunde nicht gefaßt werden.

Der Verzicht auf einen Entscheidungszwang ermöglicht einerseits eine weitgehend offene und andererseits eine lebendige Debatte ohne bereits präformierte Fraktionswillensbildung.

Als Intentionen einer Aktuellen Stunde nennt Lichtenberg neben dieser Belegungs- und Informationsfunktion noch die Kontrollfunktion, die Schutzfunktion für Minderheiten, die Auslesefunktion und die Vermittlungsfunktion. Er verneint jedoch zu Recht eine Gesetzgebungsfunktion, ohne dadurch aber Anregungen für nachfolgende Gesetzesinitiativen auszuschließen.[1)]

3.3.3. Prozedurale Dimension

Die Aktuelle Stunde wird von der prozeduralen Dimension stark bestimmt. Im folgenden sollen die Regulativa der Verfahren und Prozeduren, d.h. die Gestaltungsregeln der Aktuellen Stunde, beschrieben werden, danach die Partizipation der nicht als Redner eingeteilten Abgeordneten durch Zwischenrufe und abschließend die Ordnung und Leitung der Sitzung.

3.3.3.1. Gestaltung der Aussprache

Für die Durchführung einer Aktuellen Stunde gelten spezielle Regeln. In GOBayL § 75 sind Ablauf und Organisation der Aktuellen Stunde detailliert fixiert. Diesen Bestimmungen wurde in dem untersuchten Fallbeispiel entsprochen.

a) Öffentlichkeit und Mündlichkeit

Gemäß Bayerischer Verfassung Art. 22/1 und gem. GOBayL § 93 verhandelt der Bayerische Landtag öffentlich, soweit nicht die Öffentlichkeit durch 2/3-Mehrheitsentscheidung des Plenums ausgeschlossen wird.

---

1) Lichtenberg, Peter: Die Aktuelle Stunde im Deutschen Bundestag. Berlin 1983, S. 78ff.

Die 107. Sitzung fand öffentlich statt. Öffentlichkeit impliziert zugleich Mündlichkeit der Verhandlung.

b) Zeitpunkt

Die Aktuelle Stunde mit dem Thema "Maßnahmen und finanzielle Hilfen nach dem Reaktorunfall in Tschernobyl" fand etwas mehr als einen Monat nach dem Geschehen (26.4.86) statt, während in den Medien immer noch eine breit gefächerte und oft stark emotionalisierte Diskussion geführt wurde. Da der Ältestenrat nichts anderes beschlossen hatte, begann die 107. Sitzung am 10. Juni 86 gemäß GOBayL § 75/3 mit der Aktuellen Stunde.

c) Modus

Gemäß GOBayL § 75/3,4

- war die Gesamtdauer der Aktuellen Stunde auf eine Stunde beschränkt
- blieb die Redezeit der Mitglieder der Staatsregierung dabei unberücksichtigt
- kamen die einzelnen Redner nur einmal zu Wort
- durften die Abgeordneten nicht länger als 5 Minuten sprechen
- wurde nur ein Thema besprochen
- war die Verlesung von Erklärungen oder Reden unzulässig
- konnten keine Anträge zur Sache gestellt werden.

Da kein Mitglied der Regierung länger als 10 Minuten redete, konnte auch keine Fraktion für einen ihrer Redner weitere 5 Minuten Redezeit ohne Anrechnung auf die Gesamtdauer der Aussprache beantragen, wie es die GOBayL in § 75/3 vorsieht. Somit war die Gesamtzahl der Redner - ohne Regierungsmitglieder- auf 12 Abgeordnete begrenzt.

3.3.3.2. Partizipation der Abgeordneten durch Zwischenrufe

Im Bayerischen Landtag sind Zwischenrufe gestatte, wenn der Redner seine Äußerungen ungehindert aussprechen kann, wenn sie nicht zu einem Zwiegespräch Redner-Zwischenrufer ausarten (GOBayL § 115) und sofern sie nicht persönlich verletzend sind (§ 119/1). Gemäß GOBayL § 144 werden sprachlich erkennbare Zwischenrufe von den Parlamentsstenographen aufgenommen. Wird der Zwischenrufer namentlich bezeichnet, so wird ihm das Plenarprotokoll zur Prüfung des Zwischenrufs zugeleitet.

Während der Aktuellen Stunde vom 10. Juni 1986 wurde folgende Zwischenrufaktivität protokolliert:

Zwischenrufer / jeweiliger Redner	Asenbeck	Kolo	Wengenmeier	Eisenmann	Geisperger	Feneberg	Starzmann	Fickler	Franz	Dick	Gürteler	Heinrich	Mittermeier	Ritzer	
CSU-Fraktion															
ohne Namen						2	2		3					4	11
Niedermayer		3													3
Bauereisen						1									1
Leeb							1			1				2	4
Loscher-Frühwald														1	1
CSU gesamt		3				3	3		3	1				7	20
SPD-Fraktion															
ohne Namen	1		1			2				4			2		10
Ritzer						2									2
Geisperger						1									1
Kolo						1				2					3
Loew										1			3		4
SPD gesamt	1		1			6				7			5		20
CSU und SPD	1	3	1			9	3		3	8			5	7	40

Abb. 8: Statistik der Zwischenrufe (10.6.86)

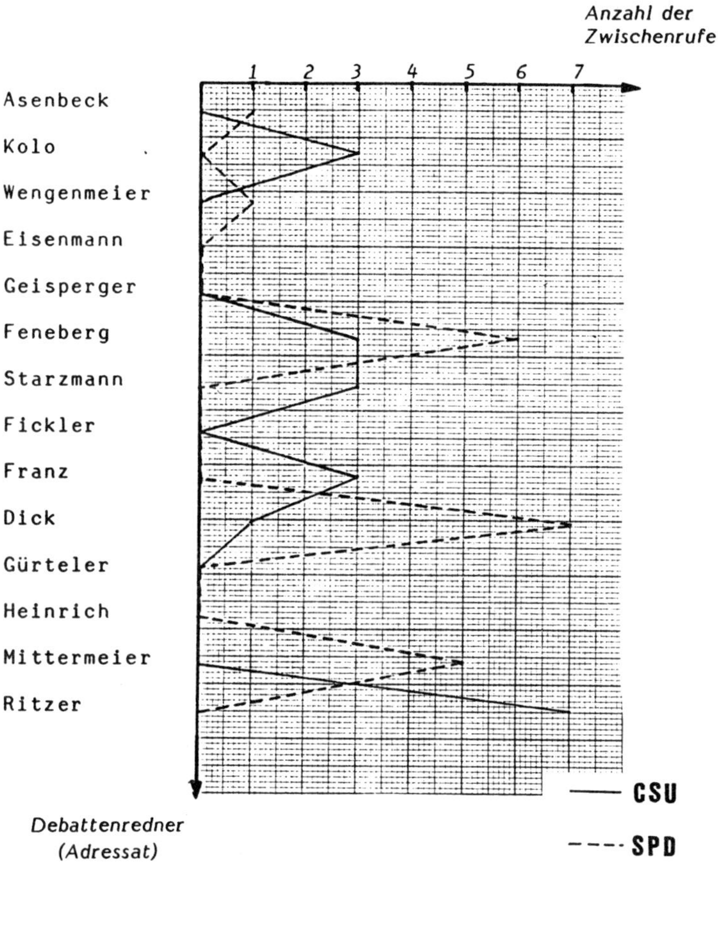

Abb. 9: Zwischenrufe von CSU und SPD (Aktuelle Stunde vom 10.6.86)

Auswertung:

Von 40 Zwischenrufen waren 19 namentlich und 21 ohne Namen aufgeführt.

Die beiden Landtagsfraktionen beteiligten sich annähernd gleich intensiv (CSU 20 Zwischenrufe - SPD 20 Zwischenrufe). Alle namentlich benannten Zwischenrufer waren männlich. Im Schnitt gab es weniger als einen Zwischenruf pro Minute.

Häufigste Zwischenrufer waren

Loew	SPD	4 ZR
Leeb	CSU	4 ZR
Kolo	SPD	3 ZR
Niedermeyer	CSU	3 ZR

Favorisierte Adressaten waren

Feneberg	CSU	mit	9 Zwischenrufen
Minister Dick		mit	8 Zwischenrufen
Ritzer	SPD	mit	7 Zwischenrufen.

3.3.3.3. Ordnung und Leitung

a) Sitzungsleitende Präsidenten

Die Aktuelle Stunde vom 10. Juni 1986 in der 107. Sitzung des Bayerischen Landtags wurde von Landtagspräsident Dr. Franz Heubl (CSU) und von 1. Vizepräsident Bertold Kamm (SPD) geleitet.

Da die verantwortungsvolle Position eines Präsidenten bzw. Vizepräsidenten der weitgehenden Akzeptanz aller Parlamentsfraktionen bedarf, bitten die jeweiligen Fraktionen stets erfahrene und auch beim parlamentarischen Gegner angesehene Politiker sich für die Wahl zum Parlamentspräsidenten bzw. Vizepräsidenten zur Verfügung zu stellen.

Die folgenden biographischen Angaben der beiden sitzungsleitenden Präsidenten, die dem Handbuch des X. Bayerischen Landtags entnommen wurden,verdeutlichen die hohe Reputation dieser Persönlichkeiten.

Heubl, Dr. Franz

MdL seit 1953

1948	Sekretär des Verfassungskonvents auf Herrenchiemsee
1958 - 1962	Fraktionsvorsitzender der CSU-Fraktion im Bayerischen Landtag
1958 - 1960	Vorsitzender des kulturpolitischen Ausschusses im Bayerischen Landtag
1960 - 1962	Staatssekretär und Leiter der Bayerischen Staatskanzlei
1962 - 1978	Bayerischer Staatsminister für Bundesangelegenheiten des Freistaats

	Bayern beim Bund
seit 1978	Präsident des Bayerischen Landtags

Kamm, Bertold (SPD)

MdL seit 1966	
1972 - 1978	Stellvertretender Vorsitzender der SPD-Landtagsfraktion
seit 1978	Erster Vizepräsident des Bayerischen Landtags

b) Eröffnung

Gemäß GOBayL § 12/2 und § 99 eröffnete und leitete der Präsident Dr. Heubl die Sitzung der Vollversammmlung mit Zustimmung des Landtags.

Nach Aufruf des ersten Tagesordnungspunktes galt die Tagesordnung als festgestellt. Sie kann aber nach § 100/2 GOBayL noch während der Sitzung geändert werden, sofern nicht eine Fraktion oder 20 Abgeordnete widersprechen. Zur Änderung der Reihenfolge der Tagesordnungspunkte reicht die einfache Mehrheit (GOBayL § 100/2).

Diese Bestimmung wird jedoch durch eine andere GO-Regelung relativiert. GOBayL § 75/3 bestimmt:
"Sofern der Ältestenrat nichts anderes beschließt, soll die Sitzungsfolge mit der Aktuellen Stunde beginnen."
Dies traf im untersuchten Fall auch zu.

Nach Eintritt in die Tagesordnung gab Präsident Dr. Heubl noch einmal die Bestimmungen des § 75 GOBayL bekannt:
"Die Dauer der Aussprache ist wie immer auf eine Stunde

begrenzt. Die einzelnen Redner dürfen nicht länger als 5 Minuten sprechen. Wenn ein Mitglied der Staatsregierung in dieser seiner Eigenschaft das Wort nimmt, wird seine Zeit nicht mitgerechnet. Ich darf sie herzlich einladen, auf mein Redesignal zu achten."[1]

Anschließend erteilte er gemäß GOBayL § 102/1 dem ersten Redner das Wort.

c) Verlaufssteuerung

In elf Fällen erteilte der Präsident ohne weitere Bemerkung das Wort. Zweimal wurde vom Sitzungsleiter das Wort an den nächsten Redner weitergegeben (bei MdL Kolo und bei MdL Mittermeier), da beide Redner trotz des Signals ihre Redezeit überzogen hatten.

Nach der Rede Kolos richtete der Präsident eine Bitte an das Plenum:
"Ich verstehe, daß ein solches Thema die Gemüter natürlich enorm bewegt und daß es deshalb sehr schwierig ist, sich an den zeitlichen Rahmen zu halten. Ich darf trotzdem die Bitte äußern, sich danach zu richten, wenn ich Ihnen das Zeichen gebe, daß Ihre Redezeit zu Ende geht, und den Versuch zu machen, rechtzeitig zum Ende zu kommen."[2]

Nach einer Stunde übernahm der erste Vizepräsident Kamm (SPD) die Sitzungsleitung.

Er mahnte MdL Mittermeier (CSU) und entzog ihm wenig später gem. GOBayL § 108/2 nach der zweiten Mahnung das Wort.[3]

---

1) Plenarprotokoll 10/107, S. 6624
2) dass. a.a.O. S. 6626
3) dass. a.a.O. S. 6635

Die Glocke als Zeichen zur Widerherstellung der Ordnung bzw. der Aufmerksamkeit wurde laut Plenarprotokoll wählrend der Aktuellen Stunde zweimal verwendet: bei der Rede des MdL Feneberg (CSU) und bei MdL Ritzer (SPD).

Laut GOBayL § 113 sorgt der Präsident für eine ruhigen und ungestörten Verlauf der Sitzungen.

Auch während der Rede des Ministers Dick bat der Präsident Heubl das Plenum um Aufmerksamkeit:
"Darf ich einmal vorschlagen, daß der Herr Staatsminister weiterspricht?"[1)]

d) Schluß der Aktuellen Stunde
Nach 12 Redebeiträgen - wenn man die Ministerreden außer acht läßt - schloß Vizepräsident Kamm die Aktuelle Stunde, wie es in GOBayL § 75/3 vorgeschrieben ist und gab MdL Kolo noch das Wort zu einer persönlichen Bemerkung gem. GOBayL § 110:
"Zur persönlichen Bemerkung wird das Wort erst nach Schluß der Beratung erteilt. Der Redner darf nur Angriffe zurückweisen, die in der Aussprache gegen ihn geführt wurden oder eigene Ausführungen berichtigen. Er darf nicht zur Sache selbst sprechen."

Kolo wandte sich gegen persönliche Vorwürfe[2)], die Minister Dick im Plenum vorgetragen hatte.
Zusätzlich galt GOBayL § 112:
"Mit persönlichen Bemerkungen und Erklärungen können Anträge nicht verbunden werden."
Danach wandte man sich dem nächsten Tagesordnungspunkt zu.

---

1) dass. a.a.O. S. 6632
2) dass. a.a.O. S. 6636

3.4. Zusammenfassung

Die beiden vorliegenden Sprachsituationen wurden personal, material und prozedural intensiv gesteuert. Dabei wirkten diese drei Regelkreise interdependent, d.h. Entscheidungen für bestimmte Inhalte beeinflußten Verfahrens- und Personalentscheidungen und umgekehrt. Die Bestimmung eines TOP begünstigt als Debattenredner in erster Linie jene Abgeordneten, die sich in Ausschuß und Arbeitskreis bzw. -gruppe mit der Thematik beschäftigen. Bei der Frauendebatte bewirkte die Themenstellung, daß zum größten Teil weibliche Abgeordnete zu Wort kamen.

Die prozedurale Festlegung z.B. einer großen Debatte oder einer Aktuellen Stunde ist für alle Fraktionen wegen der Kontingentierung der Redezeit mit einer Begrenzung der Redneranzahl verbunden.

Wesentliche Regulative waren die Bestimmungen der GO und parlamentarische Bräuche. Die meisten Vorentscheidungen bzw. Weichenstellungen personaler und materialer, aber auch prozeduraler Art waren bereits im präplenaren, meist nicht-öffentlichen Bereich (Fraktion, Arbeitskreis, Ältestenrat) erfolgt, die Debatte bis ins Detail vorstrukturiert.

Die Abgeordneten mußten sich von ihren Fraktionen Redezeit zuteilen lassen und insofern Einschränkungen ihres Rederechts inkauf nehmen. In der fraktionsinternen Festlegung der Debattenredner hat sich der Brauch verfestigt, Abgeordnete nach Kompetenz und Zuständigkeit - auf Vorschlag der Arbeitskreise oder Gruppen - aber auch nach ihrem Status in der Fraktion auszuwählen. Von der mehrheitlichen Fraktionsmeinung abweichende Abgeordnete haben kaum eine Chance, als Redner aufgestellt zu werden.

Ungünstige Voraussetzungen zeigen sich vor allem in großen Fraktionen für erstmals gewählte Parlamentarier.

Auffällig differierte in beiden Sprachsituationen die Partizipation weiblicher Abgeordneter. Dabei muß allerdings festgehalten werden, daß das Debattenthema 'Frauenprobleme' im Bundestag zu dieser ansonsten unüblich hohen Frauenquote unter den Rednern führte; im Bayerischen Landtag beteiligte sich an der untersuchten Aktuellen Stunde keine weibliche Abgeordnete.

Der geringe Spielraum für von ihren Fraktionen nicht als Redner vorgesehene Abgeordnete durch Zwischenfragen, Zwischenrufe, persönliche Bemerkungen wurde in unterschiedlichem Ausmaß genutzt.

Zwischenfragen ermöglichen Kritik, Verständnisfragen, gegenseitige Bezugnahme und erhöhen insofern die Dialogqualität, beschneiden aber vor allem die Redezeit der Letztplazierten auf der Rednerliste. Der Gebrauch von Zwischenrufen war häufig vorzufinden. Zwischenrufe bereichern die parlamentarische Verhandlung, zumal die zuhörende Öffentlichkeit keinerlei Zustimmung oder Ablehnung durch Beifall oder Rufe äußern darf. Die Qualität der Zwischenrufe differiert jedoch erheblich, von geistreich ("Frau Blüm") bis einfallslos ("hört, hört"), wobei Diffamierungen selten waren. Zwischenrufer beabsichtigen z.T. Irritation oder Unterstützung des jeweiligen Redners, haben aber auch dialogische Motive z.B. Widerspruch, kurze Aufforderungen, Bewertungen. Häufig wirken gute Zwischenrufe als 'Salz in der Suppe' und ermöglichen es dem Redner, Schlagfertigkeit zu beweisen. Als Ventil für die zuhörenden Abgeordneten sind sie zugleich Möglichkeit der Rückmeldung für den Redner, d.h. bei wenigen Zwischenrufen des parlamentarischen Gegners scheint große Zustimmung vorzuliegen, umgekehrt indizieren häufige Zwischenrufe Ablehnung der vorgetragenen Inhalte oder der Person des Redners.

Während im Bayerischen Landtag die Redeanteile der Regierungsmitglieder nicht auf die Redezeit der Fraktionen angerechnet werden, hat sich im Bundestag die Handhabung der Redeprivilegien für Regierungsmitglieder auffallend verändert.

Der realen Trennlinie Mehrheitspraktion und Regierungsmitglieder versus Oppositionsfraktionen entsprechend werden die Beiträge der Regierungsmitglieder auf die quotierte Redezeit der Mehrheitsfraktionen angerechnet. Genauso verfährt man mit den Beiträgen von Bundesratsmitgliedern - ihre Redezeit wird der jeweils korrespondierenden Bundestagsfraktion angerechnet.

Obwohl Regierungsmitgliedern und Bundesratsmitgliedern durch das Recht auf jederzeitiges Gehör unbegrenzte Redezeit eingeräumt wird, fügen sie sich dieser parlamentarischen Praxis, nicht zuletzt, um auf die Abgeordneten ihrer Partei Rücksicht zu nehmen. Die jetzige Entwicklung scheint einem parlamentarischen Regierungssystem wesentlich angemessener zu sein, als das noch aus monarchischer Konstitution übernommene Redeprivileg der Regierungsmitglieder.

Dem dialogischen Prinzip von Rede und Gegenrede wurde bei der Reihenfolge der Redner weitgehend entsprochen.

Da die Untersuchung eher die Verfahren in den Mittelpunkt stellte, mußte unberücksichtigt bleiben, inwieweit Inhalte des Vorredners aufgegriffen und spontan in die Überlegungen des nächsten Redners einbezogen wurden.

Allgemein lassen sich zum inhaltlichen Bereich die folgenden Aussagen treffen. Zum einen waren die Anträge und auch die Beiträge der Redner konform mit dem Grundgesetz. Zum anderen kann festgestellt werden, daß es sich bei der Frauendebatte um ein gewichtigeres Thema handelte, bzw. bei der Tschernobyldiskussion um eine aktuelle Herausforderung. Die Bedeutung des Themas 'Frauenprobleme in unserer Gesellschaft' wurde auch dadurch hervorgehoben, daß der Thematik vier Debattenstunden eingeräumt wurden, zudem im 2. Jahr der Legislaturperiode, in dem erfahrungsgemäß kaum wahlkampfträchtige, sondern eher drängende Probleme behandelt werden.

Sowohl in der Debatte des Bundestages, als auch in der Aktuellen Stunde des Bayerischen Landtags wurde durch Ordnung und Leitung ein effizientes, öffentliches und partiell-transparentes parlamentarisches Deliberieren ermöglicht. Neben den Parlamentspräsidenten erwiesen sich als wesentliche Steuerungsorgane interfraktionell die Ältestenräte und intrafraktionell die parlamentarischen Geschäftsführer. Die gelegentliche Nichteinhaltung parlamentarischer Gepflogenheiten - unangemessene Ausdrucksweise, Überschreiten der zugeteilten Redezeit o.ä. - wurde von den sitzungsleitenden Präsidenten zumeist milde sanktioniert.

Nach dieser eher auf Details der konkreten Fallbeispiele bezogenen Auswertung wird im nächsten Kapitel versucht, Funktion und Bedeutung von Regelsystemen generalisierend zu klären und aufgrund dieser Abstraktion neben den pragmatischen vor allem die normativen Implikationen herauszustellen.

4. Bedeutung parlamentarischer Verfahrensregeln

Bei der Deskription des parlamentarischen Regelsystems einer demokratischen Ordnung zu verharren, wäre für die politische Bildung nur wenig fruchtbar. Wesentlicher erscheint es, Bedeutung und Sinn essentieller parlamentarischer Regulativa herauszustellen, um für deren kritische Akzeptanz die Grundlage zu bereiten. Es geht im Kern darum, nicht nur die Funktion der Regeln, sondern den sie eigentlich konstituierenden und legitimierenden Sinnhintergrund transparent zu machen.

Regeln sind nicht zementiert, sondern im Laufe der Zeit aus der Erfahrung entwickelt worden und somit in gewissem Maße auch veränderbar.

Die parlamentarischen Regeln sind das Produkt eines langfristigen historischen Prozesses. Sie zeigten sich in dieser Entwicklung kontinuierlich und waren zugleich Innovationen unterworfen. Ihre pragmatische Funktion liegt in ihrer Bedeutung für die Arbeitsfähigkeit des Parlaments und in ihrer Aufgabe, den parlamentarischen Ablauf zu entlasten. Neben dieser pragmatischen tritt ganz wesentlich eine normative Dimension in den Vordergrund. So stehen z.B. bestimmte Inhalte nicht zur Disposition, Opposition ist legal zugelassen und erhält langfristig die Chance, mehrheitsfähig zu werden.

Im folgenden sollen nun die pragmatischen und normativen Aspekte parlamentarischer Regulative näher untersucht werden.

4.1. Pragmatische Dimension

Wer die organisatorisch-funktionale Leistung der Regelsysteme als marginal einschätzt, verkennt die Notwendigkeit und Funktion von Spielregeln.

Wenn in einer pluralen freiheitlich verfaßten Ordnung im Parlament über Inhalte und Wege gestritten werden darf, so werden die Verfahren der Entscheidungsfindung und ihre Anerkennung durch alle am parlamentarischen Dialog Beteiligten bedeutsam. Diese können im wesentlichen zur Sicherung der Funktionsfähigkeit und zur Entlastung des Parlaments von zeitraubenden Verfahrensfragen beitragen.

4.1.1. Historisch-prozessuale Entfaltung

Die jeweilige Verfassung eines Landes zeigt die ihr zugrundeliegenden Leitvorstellungen eines politischen Gebildes. Sie verdeutlicht das Menschenbild und seine Umsetzung in eine konkrete Ordnungsvorstellung, muß diese aber zwangsläufig auf relativ hohem Abstraktionsniveau belassen. Innerhalb der vertikalen Dimension kann man in einer Längsschnittstudie nicht nur den momentanen Ist-Stand einer Gesellschaft erkennen, sondern auch die Entstehungsgeschichte, die qualitative Entwicklung einer Staatsform. In Anbetracht tiefgreifender Brüche, wie z.B. beim Übergang von einer Monarchie zu einer Republik, wie auch des Fortbestands als wichtig erkannter Regeln und Normen läßt sich das Fortschreiten, bzw. in Bezug auf die NS-Diktatur der Rückschritt, auf dem Weg zur parlamentarischen Demokratie deutlich machen. Verfassungsgeschichte spiegelt also den 'Zeitgeist' wider, der zum jeweiligen Zeitpunkt subjektiv als höchster Entwicklungsstand galt und dann in seinen konkreten Inhalten verifiziert oder falsifiziert, im folgenden Zeitraum wieder einer qualitativen Veränderung unterworfen war.

Neben den Verfassungsbestimmungen geben vor allem die parlamentarischen Geschäftsordnungen, als dichtest geknüpfte und sehr konkret formulierte Regelsysteme, über die Entwicklung des Parlamentsrechts Aufschluß.

Die Entwicklung parlamentarischer Regelsysteme kann dabei als ein kontinuierlicher, nicht völlig abschließbarer Differenzierungs- und Modizifierungsprozeß betrachtet werden.

Im Bundestag bzw. im bayerischen Landtag ist es üblich, daß obwohl die GO am Ende der Wahlperiode ihre Gültigkeit verliert, sie von den neukonstituierten Parlamenten zunächst übernommen und bei Bedarf partiell verändert wird, d.h. daß überholte, unpraktikable Bestimmungen im Laufe der Zeit aufgegeben, unklare, auslegungsbedürftige Angaben spezifiziert und neue Regeln erprobt werden. In diesem Veränderungsprozeß spielen ungeschriebene Konventionen, also Parlamentsbrauch und Gewohnheitsrecht, eine bedeutende Rolle als Experimentierfeld für Verfahrensregeln. Für aufeinanderfolgende Parlamente innerhalb des gleichen politischen Systems ist die Kontinuität der GO keine Besonderheit; erstaunlicherweise jedoch läßt sich auch bei einer Veränderung der politischen Ordnung in gewissem Maße GO-Kontinuität verfolgen. Diese Praxis der vorläufigen Übernahme und der anschließenden Überarbeitung von Parlamentsrecht wurde sogar bei einem so grundlegenden Wandel wie dem vom Kaiserreich zur Weimarer Republik beibehalten. Eine Ausnahme stellt die NS-Diktatur dar, die sowohl das Parlament, als auch das Parlamentsrecht zerstörte. Aber bereits der 1. Deutsche Bundestag übernahm wieder 1949 bis 1952 die nur an einigen Stellen modifizierte GO des Weimarer Reichstages vom 12. Dezember 1922 als Verhandlungsgrundlage, während hingegen das Grundgesetz wesentliche Veränderungen gegenüber der Weimarer Verfassung erfuhr. Die GO des Reichstages hatte ihrerseits wieder auf ältere GOs zurückgegriffen, d.h. die GO-Regelungen der Parlamente verfügen über mehrere "Altersschichten".[1)]

Zeh, Ministerialrat beim Wissenschaftlichen Dienst des Deuschen Bundestages beschreibt diesen Sachverhalt treffend:
"Verkürzt stellt sich die Lage mithin so dar, daß der Bundestag seine Geschäftsordnung vom Reichstag der Weimarer Republik übernommen hat, die diese vom Reichstag des Kaiserreiches übernommen hatte, welcher sie seinerseits vom Preußischen Abgeordnetenhaus übernommen hatte ...
Die Entwicklung von Recht hat immer etwas von Fortentwicklung an sich; das Rad muß, wenn man es einmal kennt, nicht immerzu neu erfunden werden."[2)]

Werner Blischke, ehemaliger Geschäftsordnungsexperte des Deutschen Bundestages, verweist darauf, daß diese Praxis über den nationalen Rahmen hinaus erfolgt:
"Die Mutter der Parlamente, das Londoner Unterhaus, stand Pate bei der Geschäftsordnung, die sich der kaiserliche Reichstag (gegründet 1881) gab. Er entlehnte seine Verfahrensnormen dem Norddeutschen Reichstag (1868) und dem preußischen Abgeordnetenhaus, die wiederum Anleihen bei der französischen Nationalversammlung und der bel-

---

1) Zeh, Wolfgang: Altersschichten in der Geschäftsordnung des Deutschen Bundestages. In: ZParl 3/86, S. 396ff.
2) Zeh, a.a.O., S. 399

gischen Deputiertenkammer gemacht hatten ... Der Reichstag der Weimarer Republik (1919 - 1933) übernahm im wesentlichen die Geschäftsordnung seines Vorgängers in der Kaiser-Zeit."[1)]

Bei der Entwicklung der Geschäftsordnungen von Bundestag und vom Bayerischen Landtag wurde nach dem 2. Weltkrieg dieses Verfahren der Übernahme und Fortentwicklung ebenfalls praktiziert; allerdings griff man auf die GOs des Weimarer Reichstages bzw. des Bayerischen Landtags von 1919 bis 1933 zurück.

Die GOBT des 1. Bundestages vom 1. Januar 1952 wurde während der 2. - 8. Wahlperiode beibehalten und den parlamentarischen Erfordernissen entsprechend fortlaufend geringfügig verändert. So fand z.B. die Einführung der Aktuellen Stunde bzw. der Fragestunde auch in der GO ihren Niederschlag. Erst 1969 kam es zu einer Überarbeitung (Kleine Parlamentsreform) und vom 8. Bundestag wurde am 25. Juni 1980 eine Neufassung der Geschäftsordnung beschlossen, die seit dem 1. Oktober 1980 in kraft ist. Neben inhaltlichen Veränderungen setzte man die Paragraphenfolge neu fest und führte terminologische und redaktionelle Änderungen durch.[2)]

Auch die Bayerischen Landtage übernahmen stets die Geschäftsordnungen ihrer Vorgänger; allerdings kam es 1954, 1968 und 1985 zu Neufassungen und 1974 zu einer Revision.

Die Konstruktion eines Verfahrenssystems stellt einen langwierigen Vorgang dar, was z.B. die Arbeit des Geschäftsordnungsausschusses des 1. Bundestages belegt.

---

1) Blischke, W.: Geschäftsordnung. In: Deutscher Bundestag (Hrsg.): Bundestag von A - Z, Nr. 11, Bonn 1976, S. 1
2) vgl. Schindler, P.: Datenhandbuch Bd. I, a.a.O., S. 883ff.

Er benötigte mehr als 2 Jahre und 118 Sitzungen, um die erste GOBT vorzulegen. Insofern erscheint es verständlich, daß selbst bei Brüchen im politischen System anfangs auf bewährte parlamentarische Verfahren zurückgegriffen wurde, um durch eine 'vorläufige GO' einen geordneten und effektiven Geschäftsablauf der Volksvertretung zu ermöglich.

Zeh urteilt insofern völlig zu recht, wenn er meint, es könne einen eigenen Wert bedeuten, "wenn ein neu konstituiertes Parlament, gestützt auf eine Reihe bewährter Verfahren, sogleich wirkungsvoll zu arbeiten beginnt, Konsens und Sicherheit entwickeln und vielleicht auch traditionelle Bestände einer freiheitlichen und selbstbewußten Volksvertretung neu beleben kann ... So würde es gewiß kurz greifen, die parlamentarischen Vorväter dafür anzuklagen, daß sie nicht alles Bekannte rückhaltlos über Bord geworfen haben."[1)]

Als weiterer wesentlicher Aspekt bleibt festzustellen, daß auch die jetzt gültigen GOBT (von 1980) bzw. GOBayL (von 1985) keinesfalls geschlossene Regelsysteme darstellen, sondern permanenter Fortentwicklung und Angleichung an veränderte politische Herausforderungen bedürfen, dabei aber stets die Verfassungs- bzw. Grundgesetzbestimmungen zu berücksichtigen haben.

Somit zeigen GO-Regulative die 'geronnene' historische Erfahrung, beinhalten grundlegende Verfassungsprinzipien und sind gleichzeitig je nach der Bedürfnislage einer politischen Ordnung in gewissem Rahmen modifizierbar.

---

1) Zeh, a.a.O., S. 400

4.1.2. Entlastungsfunktion

Parlamentarische Verfahrensregeln sind ein sprachlich zustandegekommenes Produkt oder ein Ergebnis parlamentarischer Sprachhandlungen und gleichzeitig als Regelsystem das Fundament jeder parlamentarischen Verhandlung. Aus dieser Doppelfunktion heraus sind sie zum einen nicht oktroyiert, sondern mehrheitlich akzeptiert, zum anderen ein notwendiger Verfahrenskompromiß des Plenums und seiner Organe.

Wenn man jeder Verhandlung Ablauf- und Regelungsprinzipien neu festsetzen wollte und nicht auf in Regeln gegossene Kompromisse und Erfahrungen zurückgreifen wollte, so würde dadurch parlamentarisches Deliberieren umständlich, unberechenbar und vor allem sehr zeitaufwendig ablaufen.

Aus anthropologischer Perspektive läßt sich erkennen, daß die Regel "die bei einer gelingenden kollektiven Problemlösung sofort in die Norm umschlägt, das anthropologisch elementare Verfahren (ist), die verschiedenen Subjekte sich überhaupt treffen zu lassen und eine gemeinsame Beziehung herzustellen."[1)]

Man kann die Erkenntnisse Gehlens ohne weiteres auch auf das parlamentarische Deliberieren beziehen, wenn er meint, daß sich bei Menschen "aus ihrem Verhalten heraus bestimmte Figuren niederschlagen und verfestigen, sozusagen stereotype Strukturen"[2)] und wenn er weiter folgert, "daß die Institutionen eine Verhaltenssicherheit und gegenseitige Einregelung möglich machen ... so daß man in stabilen Gefügen lebt ..."[3)]

---

1) Gehlen, Arnold: Moral und Hypermoral, Wiesbaden 1986[5], S. 98
2) ders., a.a.O., S. 95f.
3) ders., a.a.O., S. 96

Das eingespielte Verhalten von Mehrheitsfraktionen versus Oppositionsfraktionen bzw. der gleichförmige Ablauf von Plenardebatten vor allem zu einer oder zwei Runden mögen diesbezüglich als Beispiele gelten.

Der Mensch bedarf der Regulative, um bei der Fülle möglicher Verhaltensweisen sich zurechtzufinden, er bedarf einer "Entlastung zu beweglicher Freiheit, aber innerhalb begrenzter Gefüge".[1)]

Die Anthropologin Ilse Schwiedetzki erklärt diesen Entlastungsprozeß folgendermaßen:
"Die Instinkte bestimmen beim Menschen nicht, wie beim Tier einzelne Verhaltensabläufe. Statt dessen nimmt jede Kultur aus der Vielfalt der möglichen menschlichen Verhaltensweisen bestimmte Varianten heraus und erhebt sie zu gesellschaftlich sanktionierten Verhaltensmustern, die für alle Glieder der Gruppe verbindlich sind. Solche kulturellen Verhaltensmuster oder Institutionen bedeuten für das Individuum eine Entlastung von allzu vielen Entscheidungen, einen Wegweiser durch die Fülle von Eindrücken und Reizen, von denen der weltoffene Mensch überflutet wird."[2)]

Auch der Gedanke Gehlens, daß durch Institutionen die Menschen sich nicht bei jeder Gelegenheit affektiv belasten oder sich Grundsatzentscheidungen abzwingen müssen, verdient in diesem Zusammenhang Beachtung:
"Diese Entlastung wirkt sich produktiv aus, denn die wohltätige Fraglosigkeit, die dann entsteht, wenn der Einzelne innen und außen von einem Regelgefüge getragen wird, macht geistige Energien nach oben hin frei."[3)]

Ohne diese "Produktivität des Entlastungseffektes"[4)] bzw.

---

1) ebd.
2) ebd. zitiert nach Gehlen, a.a.O., S. 96
3) Gehlen, a.a.O., S. 97
4) ders., a.a.O., S. 100

ohne die weitgehende Befreiung von Verfahrensfragen könnten sich weder Bundestag noch Bayerischer Landtag bzw. dessen Ausschüsse/Fraktionen inhaltlichen Entscheidungen so effektiv widmen.

Zusammenfassend läßt sich aus anthropologischer Sichtweise für diese Untersuchung feststellen, daß Regeln eigentlich ein "automatisches Schon-Verständigtsein"[1] bewirken und somit ein konstitutives Element parlamentarischen Deliberierens darstellen.

4.1.3. Sicherung der Funktionsfähigkeit

Wie für alle Regelsysteme so gilt auch für das politische die Abhängigkeit von der Akzeptanz der Teilnehmer. Ohne soziale Verbindlichkeit in Verfahrensfragen könnte parlamentarisches Handeln, d.h. gesellschaftlich verbindliche Entscheidung und Beratung, weder ermöglicht noch koordiniert werden.

Das parlamentarische Regelsystem - Verfassung, Gesetz, GO, Brauch - setzt fest, was wo, wann, wie, von wem unternommen werden kann bzw. unterlassen werden muß.

Die GO als "parlamentarische Turnierordnung"[2] ermöglicht dem Parlament die Erfüllung der umfangreichen Aufgaben, wobei die Kodifizierung folgender Aspekte[3] von erheblicher Relevanz ist:
- Organisation und Administration des Parlaments
- Regeln für die Arbeit des Plenums und der Ausschüsse
- Kontrolle der Regierung

---

1) ebd.
2) Borgs-Maciejewski: Parlamentsorganisation; Hamburg 1983, S. 12
3) ders., a.a.O., S. 13; ebenso Blischke, W.: Geschäftsordnung, a.a.O., S. 3

- Schutz der Minderheit vor der Willkür der Mehrheit
- Schutz der Mehrheit vor Obstruktion durch Minderheiten
- Rechte und Pflichten der Abgeordneten

Eine GO kann allerdings nicht das Problem von durch Wahlen entstandene Patt-Situationen bzw. relativ ausgewogenen Mehrheitsverhältnissen im Parlament lösen. In diesem Fall blieben - wenn Koalitionsverhandlungen nicht erfolgreich verlaufen und man keine von einer Fraktion tolerierte Minderheitsregierung bilden will - Neuwahlen mit dem Ziel klarer Mehrheitsverhältnisse als Ausweg.

Besonders bei knappen Mehrheitsverhältnissen müssen gewisse Grundsätze im Wettkampf zwischen Mehrheitsfraktionen und Minderheiten von allen anerkannt und zur Geltung gebracht werden, um die Funktions- und Entscheidungsfähigkeit des Parlaments zu gewährleisten. So zeigt z.B. die in früheren deutschen Parlamenten bzw. im amerikanischen Senat praktizierte Filibustertaktik, daß durch uneingeschränkte Redefreiheit unliebsame Abstimmungen erheblich verzögert und andere Abgeordnete lange Zeit vom Reden abgehalten werden konnten, was zur Begrenzung von Redezeiten und schließlich zur Einrichtung einer closure (Schluß der Aussprache mit anschließender Abstimmung) führte. Neben der Redeordnung bestimmen vor allem Antragsregularien - z.B. verschiedene Quoren - und Abstimmungsregularien - z.B. Beschlußfähigkeit und notwendige Mehrheit - das parlamentarische Geschehen.

Verschiedene Taktiken können auch hier zur Obstruktion benutzt werden. In bestimmten Konstellationen kann es geschehen, daß durch den Auszug einer Fraktion aus dem Parlament Beschlußunfähigkeit hergestellt wird - eine aktive Form von Dialogverweigerung. Die Gründe, die zu einer solchen Verweigerung führen, können vielfältig sein, sie mag subjektiv betrachtet die letztmögliche Maßnahme zur Umgehung einer als falsch bewerteten Entscheidung gelten, im 'Geist' der GO ist sie allerdings nicht vorgesehen.

Eine andere als die oben beschriebene Methode einer exzessiven Auslegung der GO-Bestimmungen bildet das eher aggressive Vorgehen, mit einer Flut von Anträgen die Arbeit des Parlaments zu behindern. Die Möglichkeit Anträge stellen zu können, ist sogar lebensnotwendig für ein demokratisches Parlament, aber kein Regelsystem ist in der Lage, einer Antragsflut Grenzen zu setzen, ohne wiederum essentielle und entsprechend empfindliche demokratische Prozesse zu stören.

Eine Gruppierung kennzeichnet sich im normativen Bereich zwar nicht ausschließlich, doch zu einem wesentlichen Teil dadurch, wie sie mit ihren Minderheiten umgeht. Wegen der GO-Autonomie des Parlaments wäre es durchaus vorstellbar, daß die Mehrheit sich ein Regelwerk erstellt, in dem zwar die Minderheiten im Sinne des GG berücksichtigt werden, aber dennoch de facto minimale Möglichkeiten zur Beteiligung erhalten.

Dies ist jedoch in der Geschichte des Bundestages bzw. des Bayerischen Landtages noch nie geschehen. Da in der Theorie der parlamentarischen Demokratie Machtwechsel als durchweg normal angesehen werden - wenngleich sie in der Praxis nicht immer so empfunden werden - ist es nötig, bereits im Vorgriff auf die denkbare Oppositionszeit eine Regelung zu finden, die alle betreffenden Teile gleichermaßen zufriedenstellt. Dies bedeutet in der alltäglichen Politik eine Reihe von Auseinandersetzungen, Kompromissen und Zugeständissen. Es bedeutet aber auch, daß die jeweiligen oppositiven Minderheiten die Möglichkeit, die das Regelwerk bietet, nicht bis zur Obstruktion ausnützen dürfen. Dies wäre in einigen Fällen gut möglich und gelegentlich können auch, z.B. bei den Grünen, Ansätze eines derartigen Taktierens ausgemacht werden.

Dennoch hat sich in der Praxis ein Modus vivendi durchgesetzt, der es allen Gruppen gewährleistet, sich am Entscheidungsprozeß zu beteiligen. Gerade auch die Tatsache, daß die GO bei einem Machtwechsel nie völlig neu konzipiert wurde, ist ein Indiz für diese Einstellung.

Die Entwicklung der Parlamente vom 'klassisch-altliberalen Typ' des Honoratiorenparlaments zum 'Gruppentyp' der Fraktionen[1] schlug sich auch in der Fortentwicklung der Geschäftsordnung nieder. Der Ausbau der Fraktionsrechte bedeutet zwar Sicherung der Funktionsfähigkeit des Parlaments, bewirkt aber andererseits auch die Einschränkung der Rechte einzelner Abgeordneter, denen ohne Unterstützung ihrer Fraktion bzw. anderer Abgeordneter in Fraktionsmindeststärke nur ein geringer Aktivitätsspielraum bleibt.

Eine weitere Gefahr besteht in der Überbetonung des Arbeitsparlaments im Verhältnis zum Redeparlament. Ein allzu perfektionistisches Funktionieren der Gesetzesmaschinerie, die oft übervolle Tagesordnungen in der zur Verfügung stehenden knappen Zeit bewältigen muß, verkürzt die Redemöglichkeiten und verhindert, daß mehr Abgeordnete die Chance zum aktuellen, kurzen Statement im Plenum erhalten.

Jede einseitige Verschiebung zu einer der beiden nötigen Funktionen bewirkt Defizite entweder an Effizienz oder an Transparenz.

---

1) vgl. Schütt-Wetschky, E.: Grundtypen parlamentarischer Demokratie, Freiburg 1984

Insgesamt betrachtet haben sich GOBT und GOBayL als ausreichende und unverzichtbare Grundlage zur Regelung parlamentarischer Verfahren erwiesen.

4.2. Normative Dimension

Die weitgehende Sicherstellung von Beratungs- und Beschlußfähigkeit durch Regulativa gewährleistet zwar, daß verbindliche Beschlüsse und Entscheidungen zustande kommen, läßt aber offen, welche Beschlüsse getroffen werden. Neben diesen beiden Bereichen existiert noch der normative, dem das Augenmerk dieses Kapitels gilt. Die inhaltlichen und die normativen Dimensionen haben nicht nur Berührungspunkte, sondern überschneiden sich sogar stellenweise. Dennoch müssen an dieser Stelle die inhaltlichen Aspekte ausgeklammert werden, da sie nur exemplarisch behandelt und auch in der übrigen Arbeit nicht berücksichtigt werden können.

Parlamentarische Demokratien besitzen neben allem Dissens auch einen nichtkontroversen Bereich, einen Minimalkonsens, ohne den parlamentarisches Deliberieren und Entscheiden unmöglich erschiene und womöglich zurückfiele in gewaltsames Durchsetzen von Machtpositionen. Konsens in Verfahrensfragen und ein sich dahinter abzeichnender schmaler Grundwertekonsens sind nicht nur relevant, sondern konstitutiv für die parlamentarische Kultur bzw. die Verfahrensethik, was auch der Passauer Politologe und Parlamentarismusexperte Oberreuter so sieht:
"Kein Gemeinwesen ist überlebensfähig, dessen Normsystem nicht auf einem allgemein anerkannten, mehr oder weniger abstrakten Wertkodex beruht, dessen Konkretisierung unter den Bedingungen des Wandels eigentlich stets zentrales - und kontrovers behandeltes - Problem der jeweils aktuellen Politik ist. Politische Auseinandersetzung vollzieht

sich auf diese Weise stets auf der Basis einer fundamentalen Gemeinsamkeit jenseits und vor aller Alternative. Regulierte politische Auseinandersetzung, die gewalt- und bürgerkriegsähnliche Erscheinungen hinter sich läßt, wird überhaupt erst möglich durch Verständnis auf solch fundamentale Gemeinsamkeiten."[1]

Die folgenden Überlegungen befassen sich mit den normativen Leistungen parlamentarischer Regelsysteme, konkret mit der Sicherung von Legalität/Legitimität und der Bildung eines Grundkonsens in einer pluralen, freiheitlichen Demokratie.

4.2.1. Sicherung von Legalität und Legitimität

Eingehaltene und kontrollierte Spielregeln sichern in erster Linie die Legalität des parlamentarischen Verfahrens, d.h. dessen Übereinstimmung mit dem bestehenden Parlamentsrecht. Rechtssicherheit und Regelhaftigkeit ermöglichen Koordination und Kontrolle im parlamentarischen Dialog. Legalität stellt zwar eine notwendige, nicht jedoch hinreichende Voraussetzung für gewaltfreie, gerechte und anerkennenswürdige Entscheidungsfindung im parlamentarischen Prozeß dar.

Eine ausschließlich positivistische Bindung bzw. die Sicherung der formalen Rechtmäßigkeit des Handelns bietet erfahrungsgemäß keine Gewähr dafür, daß Willkür und Unrecht vermieden werden können - man denke nur an die Machtübernahme der Nationalsozialisten in der Weimarer Republik. Der Terminus 'legales Unrecht' charakterisiert dieses Phänomen treffend.

---

1) Oberreuter, H.: Zur Wertbindung politischer Bildung. In: Weinacht, P.-L. (Hrsg.): Parlamentarismus begreifen. München 1985, S. 45

Um eine pluralistische, freiheitliche Demokratie zu bewahren, bedarf es der Ergänzung formaler Spielregeln durch das Prinzip der Legitimität im Sinne einer "Rechtfertigung des Staates, seiner Herrschaftsgewalt und seiner Handlungen durch höhere Werte und Grundsätze, im Unterschied zur formellen Gesetzmäßigkeit und zur bloßen Faktizität der Machtverhältnisse."[1)]

Die Differenzierung in Legalität und Legitimität ist, was die staatsrechtliche Begriffsverwendung betrifft, eine neuere spezifisch deutsche Entwicklung seit dem 19. Jahrhundert, während die inhaltliche Unterscheidung zwischen äußerer Rechtmäßigkeit und innerer, ethisch und transzendent begründeter Überzeugung bereits seit der attischen Philosophie, verstärkt jedoch seit der Aufklärung - Kant unterschied Legalität von der höherwertigen Moralität[2)] - verbreitet wurde.

Ursprünglich wurde legitime Herrschaft synonym mit monarchischer Herrschaft verstanden. Die persönliche Ableitung der Herrschaft 'von Gottes Gnaden' durch Primogenitur bzw. Erbfolge galt als wesentliches Kriterium, weniger eine höhere, materielle, allgemein akzeptierte Wertvorstellung z.B. von Gerechtigkeit. Als illegitim galt infolgedessen jede gewaltsam oder revolutionär errichtete Herrschaft.

Legitimität diente zur Herrschaftsbegründung, denn gewaltfrei ließ sich Macht auf Dauer nur erhalten und rechtfertigen, wenn ihr Ableitungsgrund von der Zustimmung der Regierten getragen wurde.

Im Laufe der Jahrhunderte versuchten die Regierten immer mehr Rechte und Normen kodifizieren zu lassen. Einerseits

---

1) Der große Brockhaus, Bd. 7, S. 143
2) vgl. Kant: Kritik der praktischen Vernunft, I. Teil, 1. Buch, 1. Hauptstück; Stuttgart 1984, S. 117ff.

war somit Schutz vor allem von Eigentum und Freiheit gegen die Willkür eines "'ab legibus solutus'-Herrschers gegeben. Andererseits sollten gesicherte Mitwirkungsrechte erreicht werden, was vor allem im 17. Jahrhundert in England erfolgreich gelang[1)] und zu einer 'Rule of Law'[2)] führte.

Auch auf dem europäischen Kontinent mußte zunehmend das monarchische Legitimationsprinzip das demokratische akzeptieren; sichtbar wurde dieses Prinzip an der wachsenden Zahl der Konstitutionen und Parlamente.

Aufbauend auf dem modernen Naturrecht setzten sich in Amerika Ideen durch, die in ihrer wesentlichen Substanz hauptsächlich auf John Locke zurückgehen: zeitliche Begrenzung und Kontrolle von Herrschaft, Bindung der Herrschaft an das Gesetz, Rückbindung der Macht an die Volkssouveränität.

Während in Frankreich die Ablösung vom monarchischen Legitimitätsprinzip zunächst durch eine Revolution auf gewaltsame Art vollzogen wurde, ehe mit Napoleon ein Rückschritt in die dynastische Ära erfolgte, gelang in den deutschen Ländern die eher reformerisch gestaltete Ausbreitung der Ideen demokratischer Legitimierung.

Nach der restaurativen Epoche des Wiener Kongresses, bereits in der Übergangsphase des Vormärz, aber verstärkt in der zweiten Hälfte des 19. Jahrhunderts, entstanden in allen deutschen Ländern monarchische, konstitutionelle Systeme. In der Folgezeit entwickelten sich formale Gesetzesstaaten. Gesetztes Recht in seiner Überprüfbarkeit bildete die Basis des politischen Lebens. Sich daraus entwickelnder

---

1) Die Dokumente jener Zeit verdeutlichen dies: Petition of Rights (1628), Habeas-Corpus-Akte (1679), Bill of Rights (1980), Act of Settlement (1701)
2) vgl. Stammen Th.: Der Rechtsstaat. München 1977[5], S. 49ff: Die Herrschaft des Rechts in England und den Vereinigten Staaten von Amerika

Rechtspositivismus beschnitt das Rechtsstaatsverständnis im Laufe der Zeit um die ethische Dimension; zurück blieben ausschließlich formale Kriterien für 'Recht'; Legalität und Legitimität fielen auseinander.

Max Webers Idealtypologie legitimer Herrschaft, die nach ihm charismatisch, traditional oder legal/rational begründet sein kann, ist ebenfalls völlig wertfrei und deckt sich insofern nicht mit dem modernen Verständnis von Legitimität, das neben der rechtmäßigen Herrschaftsableitung auch einen normativen Anspruch der Herrschaftausübung aufweist. Die legale Herrschaft charakterisiert Weber folgendermaßen:
"Grundvorstellung ist: daß durch formal korrekt gewillkürte Satzung beliebiges Recht geschaffen und (bestehendes beliebig) abgeändert werden könne. Der Herrschaftsverband ist entweder gewählt oder bestellt ... Gehorcht wird nicht der Person, kraft deren Eigenrecht, sondern der gesatzten Regel, die dafür maßgebend ist, wem und inwieweit ihr zu gehorchen ist. Auch der Befehlende selbst gehorcht, indem er einen Befehl erläßt, einer Regel: dem 'Gesetz' oder 'Reglement', einer formal abstrakten Norm."[1)]

Ähnlich plädiert Niklas Luhmann aus systemtheoretischer Sicht für "Legitimation durch Verfahren".[2)] Sein ebenfalls reduzierter Legitimationsbegriff besteht im Kern aus der "generalisierten Bereitschaft inhaltlich noch unbestimmte Entscheidungen innerhalb gewisser Toleranzgrenzen hinzunehmen"[3)], wobei er zwischen "Akzeptieren von Entscheidungsprämissen und Akzeptieren von Entscheidungen selbst"[4)] unterscheidet. Dabei gehört "die Fraglosigkeit legitimer

---

1) Max Weber: Soziologie - Universalgeschichtliche Analysen - Politik. Stuttgart 1973, S. 151f.
2) Luhmann, Niklas: Legitimation durch Verfahren. Frankfurt/M. 1983[4]
3) ders., a.a.O., S. 28
4) ders., a.a.O., S. 31

Geltung bindender Entscheidungen zu den typischen Kennzeichen des modernen politischen Systems als eine Art von Grundkonsens, der ohne Übereinstimmung über das im Einzelfall sachlich Richtige erreicht werden kann und das System stabilisiert."[1)]

Zusätzlich zur Akzeptanz mehrheitlich getroffener Entscheidungen bedarf aber der eher organisationssoziologische Legitimitägsbegriff Luhmanns einer normativen Ergänzung bzw. Bindung. Eine völlige Beliebigkeit inhaltlicher Entscheidungen, auch wenn sie mehrheitlich getroffen werden, darf nach den Erfahrungen aus der NS-Zeit nicht mehr ermöglicht werden.

Den Vätern des Grundgesetzes gelang es, die Fehler der Weimarer Verfassung zu vermeiden; sie berücksichtigten Legalität und Legitimität und verschränkten beide Prinzipien vor allem durch die bewußte materielle Vorgabe der unveräußerlichen Menschenwürde und der Grundrechte sowie der Verfassungsgerichtsbarkeit. Neben formalen Spielregeln wurden somit übergeordnete inhaltliche, materiale Regulative als geltendes Recht in die Verfassung aufgenommen, die sich wesentlich als Legitimitätsgrundlage und Legitimitätsschranke auf alle anderen Elemente des Regelsystems und somit auf die parlamentarischen Entscheidungen aller Ebenen auswirken.

4.2.2. Grundkonsens in einer parlamentarischen Demokratie

Sinn parlamentarischer Verhandlungen ist gewaltfreier Austrag politischer Gegensätze unter Toleranz anderer Meinungen und mit dem Willen zu mehrheitsfähigen und verantwortbaren Lösungen gesellschaftlicher Probleme.

---

1) ders., a.a.O., S. 29f.

Um dies zu gewährleisten bedarf es eines Grundkonsenses aller Demokraten, der durch ein Regelsystem weitgehend umrissen wird. Neben der Kodifizierung verhilft vor allem die Überwachung der Einhaltung der Regeln zur Sicherung der pluralistischen Ordnung.

4.2.2.1. Zur Notwendigkeit eines Grundkonsenses

Die Notwendigkeit eines Grundkonsenses für den Erhalt der pluralistischen Demokratie wird in der deutschen Politikwissenschaft seit Ernst Fraenkel meist akzeptiert. Neben dem kontroversen Bereich existiert nach Fraenkel ein nichtkontroverser Sektor.[1] Eine Gesellschaft ohne Grundkonsens ist nicht funktions- und überlebensfähig.[2]

In der Grundwerte-Debatte der 70er Jahre wurde von Spitzenpolitikern der beiden großen Parteien die Notwendigkeit eines Grundkonsenses betont.

So nahm z.B. der damalige Oppositionsführer und heutige Bundeskanzler Helmut Kohl, folgendermaßen Stellung: "Soziale Ordnungen können nicht auf einen Grundkonsens zumindest über die Regeln des politischen Entscheidungsprozesses verzichten, wenn sie sich nicht von vorneherein in Frage stellen wollen. Unverzichtbare Grundlage für das soziale Zusammenleben ist das Vertrauen in den Bestand und die Wirksamkeit gewisser Grundregeln der politischen Ordnung ... Bei allem Streit um die Reichweite einzelner Grundwerte darf ein Kernbestand an gemeinsamen politischen Überzeugungen nicht angetastet werden."[3]

---

1) vgl. Fraenkel, E.: Deutschland und die westliche Demokratie. Stuttgart 1979
2) vgl. Oberreuter, H.: Konsens und Konflikt ..., a.a.O., S. 45
3) Helmut Kohl: Freiheit, Solidarität, Gerechtigkeit. In: Gorschenek, G. (Hrsg.): Grundwerte in Staat und Gesellschaft. München 1977, S. 55

Auch der damalige Bundeskanzler Helmut Schmidt erklärte, "daß das Zusammenleben von Menschen Übereinstimmung in Werten und Normen in Grundauffassungen und Grundhaltungen verlangt ... wenn die Übereinstimmung in elementaren Grundwerten und Grundauffassungen fehlt, dann sind Freiheit und Würde des Menschen gefährdet. Eine Gesellschaft in welcher der Konsens über elementare Grundwerte verlorengegangen ist, treibt auf Anarchie zu."[1)]

Als Helmut Schmidt 1986 aus der aktiven Politik ausschied, verwies er in seiner letzten Bundestags-Rede am 10. September 1986 darauf, daß kein Parlament und keine demokratische Ordnung überleben könne ohne ein gewisses Maß an Gemeinsamkeit.

Auch der ehemalige Bundestagspräsident Barzel sprach in seiner Abschiedsrede am 10. September 1986 im Bundestag davon, daß der freiheitliche und soziale Rechtsstaat sowohl Konsens als auch Streit notwendig brauche. Die Verläßlichkeit und Stabilität der deutschen Demokratie erfordere, daß gewisse Grundsatzentscheidungen über Wahlen und Wechsel hinaus feststehen und gelten.

In einem Vortrag an der Universität Augsburg betonte der amtierende Bundestagspräsident Dr. Philipp Jenninger ebenfalls die Notwendigkeit eines Grundkonsenses für die Demokratie, den er folgendermaßen definierte:
"Worin besteht nun dieser Grundkonsens? Er besteht vor allem in der Erkenntnis, daß es jenseits aller tages- und parteipolitischen Unterscheidungen ein allen Demokraten gemeinsames Bekenntnis zu bestimmten Grundwerten geben muß, ohne das eine Demokratie innerlich nicht stabilisiert werden und erst recht nicht gedeihen kann. Solche Gemeinsamkeit von Werten ist kein Luxus, Werte sind das

---

1) Schmidt, H.: Ethos und Recht in Staat und Gesellschaft. In: Gorschenek, G. (Hrsg.): Grundwerte ..., a.a.O., S. 16

tägliche Brot der Demokratie!"[1]

Trotz einer weitgehenden Übereinstimmung in die Notwendigkeit des Grundkonsenses bestehen erhebliche Auffassungsunterschiede bezüglich der Konsensbreite und der konkreten Ausfüllung der Grundwerte.

4.2.2.2. Probleme der inhaltlichen Bestimmung des Grundkonsenses

Mit den Erfahrungen der Weimarer Republik belastet wurde bei der Entstehung des Grundgesetzes bewußt ein Wertrelativismus vermieden und die Notwendigkeit einer materialen Rechtsstaatlichkeit als evident betrachtet. Gleichzeitig führte die Bestimmung eines Grundkonsenses bzw. eines Minimalkonsenses in einer Demokratie zu Konflikten.

Otto Kimminich lehnt den Terminus 'Minimalkonsens' als irreführend ab und plädiert dafür, daß der demokratische Rechtsstaat "ein Maximum an ethischem Konsens erstreben muß.")

Hier läßt sich die Frage stellen, ob diese Sichtweise nicht die Struktur einer pluralistischen Demokratie empfindlich stört, da eine erhebliche Ausweitung des Konsens die Möglichkeiten für Pluralität und Dissens einengt und insofern Freiheit, Toleranz und Vielfalt gefährdet.

Jenninger optiert für ein Gleichgewicht zwischen Konsens und Dissens, wobei er zurecht warnt:

---

1) Jenninger im Colloquium politicum an der Universität Augsburg am 27.5.1987
2) Kimminich, O.: Macht, Recht, Ethos. Hrsg. von der Bayerischen Landeszentrale für politische Bildung. München 1982, S. 47

"Wo der Konsens zu umfassend ist, droht die Gefahr politischer Einförmigkeit, da geht die produktive Wirkung des offenen Konflikts verloren. Wo hingegen der Dissens vorherrscht und die politische Auseinandersetzung so geführt wird, daß man sich auch über die zentralen Wertgrundlagen der Verfassung nicht mehr einig ist, da ist die demokratische Ordnung selbst in Gefahr."[1)]

Um das Konsensproblem differenziert betrachten zu können, erscheint mir die Trias des Politologen Hättich geeignet. Er unterscheidet zwischen Ordnungskonsens, Verfahrenskonsens und Wertekonsens.[2)] Eine demokratische Ordnung bedarf einer hohen grundsätzlichen Zustimmung zum politischen System, d.h. eines breiten Ordnungskonsenses. Auch eine Übereinstimmung im Verhalten, bzw. eine Akzeptanz gewisser Spielregeln - Hättich spricht statt vom Verfahrenskonsens auch vom Spielregelkonsens - erscheint vor allem in einer pluralistischen Gesellschaft, die Dissens in inhaltlichen Fragen ermöglicht, unverzichtbar. Im parlamentarischen Bereich wird diese Konsensebene im wesentlichen durch die Geschäftsordnung geregelt. Ein defizitärer Verfahrenskonsens beim Austragen von Konflikten bzw. bei Entscheidungsprozessen kann auf den Ordnungskonsens einwirken und zur geringeren Achtung bzw. zur Ablehnung des Systems führen.

Am umstrittensten bleibt in einer pluralistischen Gesellschaft zwangsläufig diese dritte Konsensdimension, die der Werte. Da Grundwerte auf das Essentielle begrenzt sind und insofern begrifflich abstrakt und unscharf sind, können sie in konreten Situationen verschieden weit interpretiert werden.

---

1) Jenninger im Colloquium politicum an der Universität Augsburg am 27.5.1987
2) vgl. Hättich, M.: Das Konsensproblem in der Demokratie. In: Akademie für Politische Bildung Tutzing u.a. (Hrsg.): Konflikt und Integration II. München 1978, S. 79ff.

Grundsätzlich kann mit Hättich festgestellt werden, daß dieser dritte Bereich derjenige ist, der den geringsten Konsensbedarf aufweist. Im Gegenteil könnte hier eine zu hohe Übereinstimmung das Prinzip der pluralen Demokratie wieder einschränken. Es scheint sich in diesem Bereich eine unverzichtbare Minimalbasis herausgebildet zu haben, die über eine relativ hohe Zustimmung verfügt: die Artikel 1 - 3 GG mit ihren Spannungsfeldern Menschenwürde, Gleichheit und Freiheit. Wie bereits o.a. sind diese Bereiche natürlich der ganzen Bandbreite der Interpretation unterworfen. Allerdings läßt sich aus ihnen aber auch der unverzichtbare Konsens der pluralen freiheitlichen Demokratie herleiten. Aus der unveräußerlichen Menschenwürde leiten sich die Menschenrechte her, aus dem Begriff der Gleichheit aller läßt sich das Prinzip der Volkssouveränität begreifen, mit dem letztlich das Mehrheitsprinzip und die demokratischen Spielregeln erklärbar werden, und das Prinzip der Freiheit des einzelnen findet seine Grenzen in der Sozialität des Ganzen.

Zwar sind bereits schon wieder in diesem Wertgefüge Konfliktfelder angelegt, jedoch erscheint es in unserer parlamentarischen Demokratie als das grundlegende, das die Demokratie erst ermöglicht. Jede Verschiebung in die Richtung der Dominanz des einen oder anderen Bereichs würde dieses Wertgefüge auf Dauer schädigen.

Konkreter interpretiert das Bundesverfassungsgericht in seinem Urteil über das Parteienverbot der SRP die freiheitlich demokratische Grundordnung als eine Ordnung, "die unter Ausschluß jeglicher Gewalt- und Willkürherrschaft eine rechtsstaatliche Herrschaftsordnung auf der Grundlage der Selbstbestimmung des Volkes nach dem Willen der jeweiligen Mehrheit und der Freiheit und Gleichheit darstellt. Zu den grundlegenden Prinzipien dieser Ordnung sind mindestens zu rechnen: die Achtung vor den im Grundgesetz konkretisierten Menschenrechten, vor allem vor dem Recht der Persönlichkeit auf Leben und freie Entfaltung, die Volkssouveränität, die Gewaltenteilung, die Verantwortlichkeit der Regierung, die Gesetzmäßigkeit der Verwaltung, die Unabhängigkeit der Gerichte, das Mehrparteienprinzip und die Chancengleichkeit für alle politischen Parteien mit dem Recht auf verfassungsmäßige Bildung und Ausübung einer Opposition."[1]

Einen enger gehaltenen Katalog der Elemente eines unverzichtbaren Minimalkonsenses schlägt Stefan Eisel vor:
"1. Die Achtung der Menschenwürde und die Anerkennung der Menschenrechte,
2. die Anerkennung demokratischer Spielregeln, insbesondere des Mehrheitsprinzips, und
3. die Anerkennung des staatlichen Gewaltmonopols bzw. die individuelle Bereitschaft zum Gewaltverzicht."[2]

Als Voraussetzung einer pluralen freiheitlichen demokratischen Grundordnung erscheint diese Auflistung, der auch Steffani[3] zustimmt, völlig akzeptabel.

4.2.2.3. Gefährdung des Grundkonsenses

Landtagspräsident Franz Heubl hat in einer Bilanz zur Sommerpause die Atmosphäre im Bayerischen Landtag folgendermaßen gekennzeichnet: "Mehr Aggressivität und weniger Gemeinsamkeit."[4]

---

1) BVerfGE 2, S. 12ff. vom 23. Oktober 1952
2) Eisel, S.: Konsens im Konflikt. In: Aus Politik und Zeitgeschichte Nr. 10(86, S. 14
3) vgl. Steffani, W.: Mehrheitsentscheidungen und Minderheiten der Verfassungsdemokratie. In: ZParl 4/86, S. 579
4) vgl. Augsburger Allgemeine vom 25.7.1987

Ähnliches konstatierte der Präsident des Deutschen Bundestages Philipp Jenninger:
"Der Vorrat an Gemeinsamkeiten schrumpft. Es wird zusehends schwerer, im Streit der Parteien ... über den Zustand und die Zukunft der Republik noch tragende Grundübereinstimmungen zu erkennen."[1)]

Bei aufmerksamer Betrachtung der parlamentarischen Geschehnisse jüngster Zeit in Bundestag und in den Länderparlamenten lassen sich etliche Beispiele dafür finden, daß diese Besorgnis durchaus berechtigt scheint.

So wurde von einem Mitglied des Bundestages durch einen Zwischenruf bei der Vereidigung des Ministers für wirtschaftliche Zusammenarbeit, Klein, das religiöse Empfinden vieler verletzt.[2)]

Ein Abgeordneter diffamierte das Parlament als "verkommenes Organ"[3)].

In Hessen führten im Mai 1987 die Oppositionsfraktionen durch bewußte Absenz bei Beratungen die Beschlußunfähigkeit herbei und verzögerten dadurch die Verabschiedung

---

1) Jenninger im Colloquium politicum an der Universität Augsburg am 27.5.1987
2) Der Abgeordnete E. Stratmann (Die Grünen) kommentierte am 12.3.1987 die Vereidigungsformel 'So wahr mir Gott helfe' mit 'Gotteslästerung'. Er wurde für die laufende und die nächste Sitzung wegen gröblicher Verletzung der Ordnung ausgeschlossen.
3) Der Abgeordnete der Grünen Gerald Häfner hatte in einer Presseerklärung folgende Kritik geübt:
"Ich empfinde diesen Bundestag mit seinen ritualisierten Debatten, Schaufensterreden und vorab festgelegten Abstimmungsergebnissen als ein politisch, geistig und moralisch weitgehend verkommenes Organ." (Süddeutsche Zeitung vom 12.5.87)
Er stellte aber später klar, daß er nicht das Parlament generell habe herabsetzen wollen, sondern die Verfahrensweisen des Fraktionszwangs und der Koalitions-Arithmetik. (Süddeutsche Zeitung vom 20.5.87)

eines ihnen mißliebigen Gesetzes.[1]

Auf die Frage, inwieweit mit dem Einzug der Grünen in den Bundestag der interfraktionelle Konsens z.B. bezüglich politischer Spielregeln gefährdet oder gar zerbrochen sei, antwortete Bundestagspräsident Jenninger:
"Ohne Anerkennung der Verfahrensregeln durch alle Beteiligten kann kein Parlament auf Dauer seinen Aufgaben gerecht werden. Es wäre gewiß überzogen zu behaupten, mit dem Einzug der Grünen in den Bundestag sei der bisherige Konsens zerbrochen. Es gibt aber Erscheinungen, die ihn als gefährdet erscheinen lassen: Zu den selbstverständlichen Spielregeln der parlamentarischen Demokratie gehört die Respektierung des Mehrheitsprinzips und mehrheitlich zustande gekommener Entscheidungen. Damit sind Aufrufe zum Boykott von mehrheitlich zustande gekommenen Gesetzen vom Rednerpult des Deutschen Bundestages aus nicht vereinbar. Ebenso nicht entsprach es der für alle Mitglieder des Bundestages bestehenden Obliegenheit, sich nach Möglichkeit an der Arbeit des Parlaments zu beteiligen, daß die Fraktion DIE GRÜNEN der Debatte zur Frage der Wiederherstellung des Plenarsaals zugunsten einer Teilnahme an einer Demonstration fernblieb."[2]

In der historischen Genese freiheitlicher Demokratien bewirkte gerade die Willensbildung durch das Mehrheitsprinzip zum einen Anerkennung konkurrierender Standpunkte und zugleich eine Ablösung der nach dem Recht des Stärkeren getroffenen Machtentscheidungen. Pluralistische, freiheitliche Staaten wären ohne die Akzeptanz des Majoritätsprinzips kaum fähig, gewaltfrei politisch verbindliche Ent-

---

1) Bei 110 MdL ist im Hessischen Landtag Beschlußfähigkeit erst ab 56 Abgeordneten gegeben. CDU und FDP haben insgesamt nur 56 Abgeordnete gegenüber zusammen 54 Sozialdemokraten und Grünen; d.h.: ist nur ein Abgeordneter der Mehrheitsfraktion krank, kann - wie beim Schulgesetz im Mai 87 dreimal geschehen - die Beschlußunfähigkeit des Plenums durch Boykott herbeigeführt werden.
2) Ph. Jenninger in einem Brief an Prof. Hampel; vgl. Anhang

scheidung zu treffen. Unbegrenzter Machtmißbrauch durch die Mehrheit wird allerdings durch kodifizierte Minderheitsrechte, durch ein System des check and balance und materielle Verfassungsbestimmungen verhindert. Dabei soll mit Oberreuter festgehalten werden, daß die Integration von Minderheitspositionen in die politische Auseinandersetzung "eines der reifsten Zeugnisse politischer Kultur" und "unverwechselbares Kennzeichen freiheitlicher Ordnung"[1] darstellt.

Zur Zeit wird verschiedentlich der Versuch gemacht, das Mehrheitsprinzip zugunsten einer anderen Legitimation aufzugeben. Es handelt sich hierbei um die sogenannten 'höheren Werte', bzw. um 'Überlebensfragen' in der Welt. Diejenigen, die sich darauf berufen, scheuen sich aufgrund einer Legitimation durch Wahrheit nicht, den demokratischen Basiskonsens aufzukündigen, Verfahrensregeln zu durchbrechen, um im Sinne einer qualitativen Legitimation ihrer Position den Vorrang vor anderen zu geben. Sie unterstellen damit den gewählten Mehrheiten, nicht das Bewußtsein für und das Bemühen um wahre, richtige Entscheidungen zu haben und nehmen deshalb für sich das Recht auf Widerstand in Anspruch. Es erscheint zur Zeit so, als ob diese Gruppen die demokratischen Spielregeln dann benutzen, solange sie damit auf ihre vermeintlich höherwertigen Ziele hinarbeiten können. Im Falle eines Dissens jedoch dürfen Spielregeln mißachtet werden, bzw. wird generell die Anwendbarkeit des Majoritätsprinzips auf sensible, existentielle Entscheidungen in Frage gestellt.[2]

---

1) Oberreuter, H.: Konsens und Konflikt ..., a.a.O., S. 49
2) vgl. Guggenberger, B./Offe, C. (Hrsg.): An den Grenzen der Mehrheitsdemokratie - Politik und Soziologie der Mehrheitsregel. Opladen 1984

Der Mehrheitsentscheid schließt selbstverständlich die Möglichkeit von Fehlern, falschen bzw. unvollkommenen Entscheidungen ein, gleichzeitig jedoch auch die Korrektur und Revision dieser Entscheidungen durch dieselben oder andere Mehrheiten. Nicht die Qualität oder der Wahrheitsgrad einer Entscheidung ist das wesentliche Kriterium, sondern die gesamtgesellschaftliche Gültigkeit und Verbindlichkeit.

Bei einer Ablösung des politischen Mehrheitsprinzips durch einen elitären, ethisch legitimierten Wahrheitsanspruch bestünde die Gefahr der Entstehung eines totalitären Systems in dem Widerspruch bzw. abweichende Meinungen diskriminiert und disqualifiziert werden würden.

Bundestagspräsident Jenninger vertritt insofern zu recht folgende Auffassung:
"Zur verbindlichen Mehrheitsentscheidung in einer repräsentativen Demokratie gibt es keine akzeptable Alternative ... Zur Demokratie gehört, daß mehrheitlich zustandegekommene Entscheidungen durch die Minderheit anerkannt werden. Ordnungsgemäß zustandegekommene Gesetze ... sind geltendes Recht. Ihre Befolgung steht nicht zur Disposition einer überstimmten Minderheit."[1)]

Konkret sei hier genannt, daß eine Abgeordnete der Grünen vom Rednerpult des Bundestages aus zum Boykott der Volkszählung aufgerufen hat[2)], was einen deutlichen Bruch mit dem Prinzip der Akzeptanz von mehrheitlich zustandegekommenen verbindlichen Entscheidungen bedeutet. Dieser so ausgetragene Konflikt stellt nicht mehr einen Dissens dar, der vom Grundgesetz ermöglicht wird, sondern hier

1) Jenninger im Colloquium Politicum an der Universität Augsburg am 27.5.1987
2) z.B. Fr. Schmitt-Bott am 2.4.1987 in der 8. Sitzung des 11. Bundestages

stehen die Agierenden außerhalb des Verfassungskontextes.

Fahrlässiger Umgang mit Spielregeln muß jedoch nicht nur den Grünen vorgeworfen werden. Konsensgefährdend wirkt es sich aus, wenn Institutionen über das ihnen eigentlich zugedachte Feld hinaus arbeiten. Dabei ist nicht eine Veränderung in den Arbeitsbereichen gemeint, die sich im Laufe der Jahrzehnte durch veränderte politische Rahmenbedingungen ergibt. Vielmehr wird hier die Kompetenzüberschreitung angesprochen, die dann besteht, wenn z.B. der Verfassungsschutz, wie im Fall Siemens, seine Tätigkeit unerlaubterweise auf Privatpersonen ausdehnt.

Eine Gefährdung des Verfahrenskonsens und damit auch des Ordnungskonsens, scheint aber auch gegeben zu sein, wenn ein allzu sorgloser Umgang mit den 'Spielregeln' besteht. So war die Art, wie zur Jahreswende 1982/1983 der Bundestag aufgelöst und neu gewählt wurde, sehr von taktischen Überlegungen bestimmt. Mit Hilfe einer manipulierten Zurückhaltung, obwohl die Mehrheit der Bundestagsmitglieder nach dem Regierungswechsel Schmidt/Kohl auf seiten der CDU/CSU/FDP-Koalition war, wurde dem Kanzler das Vertrauen nicht ausgesprochen und so die Neuwahl ermöglicht - ein Vorgehen, bei dem die Verfahrensregeln bewußt ausgespielt worden waren. Das Unbehagen über diesen Vorgang war auch implizit der Rede des damaligen Bundespräsidenten zur Neuwahl zu entnehmen.

Ein besonders krasses und tragisch endendes Beispiel der Mißachtung politischer Spielregeln verdient hier noch Beachtung, obwohl es sich dabei um einen Fall handelt, der den Plenarbereich nur indirekt tangiert: die Affäre um Uwe Barschel. Zwar werden die Vorgänge um Uwe Barschel, den ehemaligen Ministerpräsidenten Schleswig-Holsteins, nie völlig geklärt werden, aber die Indizien und Ergebnisse, die - dank der profunden Arbeit des Untersuchungsausschusses - bereits jetzt als relativ gesichert gelten, lassen deutlich werden, daß der politische Stil im Umgang miteinander doch erheblich gelitten hat. Es ist ungeschriebenes Gesetz, so - selbst im Wahlkampf - nicht miteinander umzugehen - der Zweck (Machterhalt) heiligt nicht die Mittel.

Alle diese o.a. Konkretisierungen scheinen Indizien dafür zu sein, daß in jüngerer und jüngster Zeit der Grundkonsens der pluralen Demokratie - sowohl in der Werte-, als auch in der Verfahrensebene - Erosionserscheinungen unterworfen ist. Inwieweit dies nur ein Pendelschlag ist, der ständig mehr oder weniger sichtbar erscheint, oder ob die Dissens-Konsens-Problematik bereits eine neue Qualitätsstufe der Auseinandersetzung erreicht hat, ist an dieser Stelle noch nicht abzusehen. Es bleibt auch die Frage offen, inwieweit die Verletzung der Spielregeln von der Konstituierung des ersten Bundestages 1949 an Teil des politischen Alltags war und diese Tatsache aus der heutigen Sicht in etwas verklärender Art und Weise ignoriert wird.

4.3. Zusammenfassung

Parlamentarische Spielregeln sind ein Ergebnis historisch-prozessualer Erfahrungen, die kontinuierlich fortentwickelt werden. Dabei haben Regeln nicht nur formale, pragmatische Bedeutung, sondern auch normative.

Das Regelsystem - Verfassung, Geschäftsordnung, Parlamentsbrauch - bewirkt eine Vorverständigung zwischen den Parlamentariern und besitzt so eine Entlastungsfunktion; d.h. es ermöglicht Konzentration auf die wesentliche parlamentarische Arbeit.

Auch Funktions- und Entscheidungsfähigkeit des Parlaments werden durch Regeln weitgehend abgesichert, wobei besonderes Augenmerk auf den Minderheitenschutz vor der Willkür der Mehrheit und auf den Schutz der Mehrheit vor Obstruktion durch Minderheiten gelegt wurde.

Das Regelsystem muß weiterhin Legalität und Legitimität der Verfahren und Entscheidungen sicherstellen. Als Lehre aus dem Wertrelativismus der Weimarer Verfassung wurde eine materielle Rechtsstaatlichkeit aufgebaut, in der neben formale Spielregeln auch materiale Regulativa als übergeordnete Verfassungsbestimmungen traten.

Die Spielregeln umfassen einen Grundkonsens, dessen Akzeptanz zur Erhaltung der politisch freiheitlichen demokratischen Ordnung für unverzichtbar gehalten wird. Dabei sind jedoch die Konsensbreite und die konkrete Ausgestaltung bei den einzelnen Dimensionen Verfahrenskonsens, Ordnungskonsens und Wertkonsens unterschiedlich. Während Verfahren und politische Ordnung weitgehend großen Konsensbedarf haben, bleibt der Bedarf an Wertkonsens denkbar gering.

Gegenwärtig scheinen Anzeichen dafür zu bestehen, daß der Grundkonsens im Schwinden begriffen ist und parallel dazu ethisch rigorose Auffassungen Boden gewinnen, die quantitative, legitimierte Mehrheitsentscheidungen durch qualitative Wahrheitsentscheidungen von Minderheiten ablösen lassen wollen.

Im abschließenden Kapitel soll versucht werden, Konsequenzen für die politische Bildungsarbeit zu ziehen.

5. Konsequenzen für die politische Bildung

Will man Heranwachsende zur politischen Beteiligung befähigen und ihnen eine reflektierte Identifikation mit unserer wertgebundenen Ordnung ermöglichen, so sollte sich politische Bildung drei Aufgaben intensiver zuwenden.

- Die Förderung von Sprach- und Regelkompetenz ist zwar basaler Auftrag politischer Bildung. Relativ selten jedoch wird intentionale Gesprächspflege, aktives Debattieren und Metakommunikation im konkreten Unterricht in den Mittelpunkt gerückt.

- Einen bislang stärker vernachlässigten Bereich stellt der Aufbau politischer Grundbegriffe dar. Wie ungenau und unterschiedlich politische Begriffe eingeführt bzw. verwendet werden, zeigte sich jüngst in einem Forschungsbericht deutlich.[1] Kenntnis und Verwendung politischer Schlüsselbegriffe sind jedoch das Fundament der politischen Bildung, bzw. des Umgangs mit Politik überhaupt und erfordern insofern kontinuierliche, angemessene und gründliche Aufbauarbeit.

- Eine dritte Forderung an die politische Bildung ergibt sich aus den Überlegungen in den vorangegangenen Kapiteln: die Unverzichtbarkeit bzw. die dringend erforderliche Integration der von vielen als 'formale Institutionenkunde' diskreditierten polity-Dimension. Ohne Regelverständnis bzw. ohne Wissen um die Rahmenbedingungen, deren Entstehung und Veränderung wird der parlamentarische Prozeß und die in ihm implizierten Wertvorstellungen nur unvollständig erfaßt; ohne hohe Akzeptanz eines Minimalkonsenses erscheint die repräsentative demokratische Ordnung gefährdet.

1) Hättich, M. u.a.: Die politische Grundordnung der Bundesrepublik Deutschland in Politik- und Sozialkundebüchern; Melle 1985

Daß politische Bildung vor allem im schulischen Bereich diesen Ansprüchen unter den gegebenen restriktiven Bedingungen nur schwer gerecht werden kann und daß es meist dem Engagement der jeweiligen Lehrer überlassen bleibt, politische Bildung - konkreter die Klärung von Begriffen, Institutionen, Kompetenzen, Verfahren - als kontinuierliches, fächerübergreifendes Unterrichtsprinzip zu realisieren, sei an dieser Stelle nicht verschwiegen.

5.1. Förderung von Sprach- und Regelkompetenz

Neben dem kognitiven und dem affektiv-evaluativen Bereich ist für politische Bildung auch der instrumentelle Sektor von Bedeutung. Da Sprache und Spielregeln in der Politik eine konstitutive Rolle spielen, müssen im Sozialkundeunterricht - aber auch in verwandten Fächern - sprachliche Kompetenz und Regelkompetenz der Schüler gefördert werden,um sie zur Teilnahme am politischen und gesellschaftlichen Leben zu befähigen.

In der unterrichtlichen Praxis greifen Lernziele, Inhalte und Verfahren ineinander, sind sozusagen miteinander verzahnt, - die politische Didaktik spricht vom Implikationszusammenhang - für Analysezwecke sollen aber im folgenden die intentionalen und methodischen Aspekte bei der Förderung von Sprach- und Regelkompetenz im Vordergrund stehen und von der inhaltlichen Dimension weitgehend isoliert werden.

Am Rande sei hier lediglich erwähnt, daß die Auswahl möglichst attraktiver, aktueller Problemfelder - z.B. gegenwärtig Demonstrationsrecht und Vermummungsverbot bzw. Wehrdienst für Mädchen - Zugang zu den für Schüler schwereren Bereichen der Regelkompetenz erleichtert und die Dialogbereitschaft begünstigt.

5.1.1. Intentionale Aspekte

Die Einübung von Sprach- und Regelfähigkeit im Rahmen der politischen Erziehung erfordert es, das Prinzip "learning by doing" der pragmatischen Schule (John Dewey) zu berücksichtigen. Was aktiv er-handelt wurde, wird leichter in das individuelle Verhaltensspektrum eingefügt als das, was nur rezeptiv be-handelt wurde.

Im Sinne der Robinsohn'schen Lebenspropädeutik müssen Unterricht und Erziehung die Schüler für das Verhalten in der Welt ausstatten. Da nun politische Partizipation demjenigen leichter gelingt, der über Sprachfertigkeit im politischen Bereich verfügt, wird die Sprachkompetenz auch zum Konstitutiv der politischen Erziehung. Dabei ist nicht nur Mit-sprache anzustreben, sondern auch die Fähigkeit, Manipulationsversuche zu erkennen und sich dagegen zu wehren.

Bei der Förderung von Sprach- und Regelfähigkeit werden mehrere Ziele je nach Methode mit unterschiedlichem Schwerpunkt realisiert. Zunächst wird ganz allgemein eine Steigerung der Ausdrucksfähigkeit intendiert, indem die Schüler lernen, sich mitzuteilen, Positionen wiederzugeben, Meinungen und Standpunkte zu relativieren und zu bewerten. Dabei sollte es gelingen, die Unterschiede zwischen der Inhalts- und der Beziehungsebene aufzuzeigen, bzw. unterschiedlich zu argumentieren, je nachdem ob mehr die Sachadäquanz oder die Personenorientierung benötigt wird.

Gleichzeitig werden die Schüler aktiviert, wobei ein wesentlicher Bereich sein sollte, daß sie auch aktives Zuhören lernen. Diese allgemein klingende Forderung hat durchaus ihre Berechtigung: in der heutigen Zeit der Reizüberflutung muß diese Fertigkeit regelrecht trainiert werden. Möglichkeiten der Schulung bieten sich im 'kontrollierten Dialog', der den Hörer zwingt, vor Formulierung einer Gegenrede die Argumentation des Redners noch einmal wiederzugeben.

Bei der Durchführung verschiedener, im folgenden genauer beschriebenen methodischen Techniken wird der Schüler auch eine Steigerung seiner Kritikfähigkeit erfahren. Vor allem wenn er lernt, Argumentationen zu hinterfragen, wird er sich vor Manipulationsversuchen schützen können. Zugleich wachsen mit dem Training Überzeugungskraft und Durchsetzungsvermögen. Als weiteres Ziel gilt es, die Fähigkeit und Bereitschaft zum kultivierten, politischen Streiten anzustreben. Diese Intention steht eigentlich quer zu allen vorher genannten Zielen. Erreicht man bessere Ausdrucksfähigkeit, Trennung von Inhalts- und Beziehungsebene, aktives Zuhören und Kenntnis manipulativer Tendenzen, so wird ganz allgemein die Fähigkeit zur verbalen Auseinandersetzung im positiven Sinne geweckt bzw. gesteigert.

Im Bereich der Regelkompetenz soll die Organisationsfähigkeit der Schüler verbessert werden. Dies bedeutet, daß die Schüler lernen, z.B. an Gesprächen gemäß vorher aufgestellter Regeln teilzunehmen oder die Gesprächsleitung zu übernehmen. Das Regelwerk wird je nach Leistungsfähigkeit der Schüler und nach Gesprächstyp enger oder weiter zu fassen sein. Das Aufstellen und Akzeptieren sowie bei Bedarf die Modifizierung von Regeln sollten dabei mehr und mehr von den Schülern übernommen werden.

Ganz allgemein werden in diesem Zusammenhang auch übergreifende Ziele sichtbar: die Schulung von der Urteilsfähigkeit wird ebenso erreicht wie der Zugang zur Kreativität der Lernenden. Daß sich durch häufigen Rollenwechsel das Distanzierungsvermögen, die Identitätsfindung und die Empathie ganz entschieden steigern lassen, sei nur der Vollständigkeit halber erwähnt.

5.1.2. Methodische Aspekte

Um diese angestrebten Ziele zu erreichen, bieten sich einige methodische Möglichkeiten an.

Zur Durchdringung von Sprachmustern und Regelwerk mag zunächst grundlegend analytisch vorgegangen werden. So können Texte von Debattenverläufen, wie sie in gekürzter Form in der Zeitschrift 'Das Parlament' zu finden sind, nach materialen Aspekten (z.B. Positionen, Entscheidungen), aber auch nach personalen (Redner, o.ä.) und prozeduralen Kategorien (Zwischenrufe, Debattenstruktur, Sanktionen o.ä.) befragt werden.

Ergänzend könnten Informationen aus den Verfassungen bzw. den Fraktionsordnungen oder der Geschäftsordnung hinzugezogen werden. Etwas tiefer in die Analyse hinein führen unter den gleichen Aspekten Videomitschnitte von Aktuellen Stunden oder von Debatten, z.B. der jährlichen Haushaltsdebatte, die ja stets eine generelle politische Diskussion mit sich bringt. Das Medium Film weist gegenüber dem Wortlaut den Vorteil auf, den kompletten Kontext des parlamentarischen Dialogs - z.B. Atmosphäre, nonverbale Kommunikation u.ä. - festzuhalten, der dann in einem zweiten Durchgang ebenfalls der Analyse unterzogen werden könnte.

Neben dieses Vorgehen könnte parallel oder je nach Leistungsstand sukzessive die produktiv orientierte Phase treten. Hierbei praktizieren die Schüler selbst nach

Regeln ablaufende Gesprächsformen, die dem politischen Bereich nachempfunden sind.[1]

Grundlegend könnte hier die freie Diskussion mit Ergebniszusammenfassung sein. Sie ähnelt am ehesten der Fraktionssitzung. Sinnvoll und hilfreich wäre sowohl hier wie auch bei allen anderen Gesprächsformen gelegentlich ein Mitschnitt mit der Videokamera, um die anschließende Auswertung der Aufnahmen im Hinblick auf Diskussionsverlauf, individuelles Gesprächsverhalten und Regeldisziplin zu erleichtern.

Einem Hearing ähnelt die von Schülern praktizierte Expertenbefragung. Je nach Themenwahl sollte es möglich sein, politische Funktionsträger (MdB, MdL, Bürgermeister, Stadtrat) oder Experten (Verbandsvertreter, etc.) einzuladen oder aufzusuchen und ihnen vorbereitete Fragen informativer oder evaluativer Art zu stellen.

Bei Podiumsdiskussionen und pro- und contra-Streitgesprächen tritt ein weiteres Element hinzu: die Kontrahenten verteidigen kämpferisch kontroverse Meinungen, die möglichst überzeugend dargelegt und argumentativ begründet werden sollen. Hierbei können Beobachtungsnotizen der nichtdiskutierenden Schüler, die sich anschließende Analyse auch in metakommunikativer Hinsicht vertiefen.

Möchte man nun das Gros der Schüler aktivieren, bietet sich in diesem argumentativen Bereich die Debatte mit pluraler Gruppenstruktur an. Dies bedingt jedoch die Auswahl eines fähigen Gesprächsleiters, der nicht nur

---

1) vgl. dazu Giesecke, H.: Methodik des politischen Unterrichts. München 1978[5]; insbes. Kapitel 5 'Arbeitsweisen', S. 125ff und
Sutor, B.: Neue Grundlegung politischer Bildung Bd. II, Paderborn 1984, insbes. 'Arbeitsweisen', S. 101ff.

den Verlauf steuern soll, sondern auch inhaltliche Impulse geben muß.

Einige basale Anmerkungen sind an dieser Stelle noch zu ergänzen. Ein Unterricht, der die oben genannten Ziele verwirklichen will,setzt einen demokratischen, partnerschaftlichen Unterrichtsstil voraus. Dem Lehrer obliegt es auch, Gruppendruck und Konformitätszwang, soweit vorhanden, abzubauen, bzw. nicht erst aufkommen zu lassen. Die Atmosphäre, in der Diskussionen und Kontroversen ermöglicht werden, kann nur von Offenheit und Reversibilität geprägt sein.

Bei der Themenwahl sollte, wie bereits o.a., attraktive, aktuelle Inhalte bevorzugt werden, wenn möglich sollten die Themen von den Schülern selbst bestimmt werden.

Politikunterricht muß, im Gegensatz zur Politik selbst, um eine sachliche, analytische Sprache bemüht sein. Während in der Politik die Sprachverwendung neben deliberierenden Elementen auch wesentlich durch Polemik geprägt ist, sollte im Unterricht die objektive, versachlichende Darstellungsweise überwiegen. Der politische Unterricht darf sich nicht als Trainigslager für die Rekrutierung künftiger Politiker mißbrauchen lassen; wenn auch gelegentlich Rhetorik nicht ausgeschlossen, sondern sogar erwünscht wird, so liegen die Aufgaben politischer Bildung in einem anderen Bereich.

Die Einübung in Regel- und Sprachkompetenz erscheint in einer pluralistischen, freiheitlichen Gesellschaft jedoch nötig, um Konflikten nicht sprachlos oder gar gewalttätig gegenüberzustehen, sondern, einer wertgebundenen, humanen Ordnung angemessen, dialogisch und diskursiv.

5.2. Aufbau politischer Grundbegriffe

Begriffe sind politikdidaktisch in zweierlei Hinsicht relevant. Zum einen stellen sie notwendige Instrumente der Erkenntnisgewinnung und Urteilsbildung dar, zum anderen sind sie auch Ergebnisse bzw. Ziele politischer Bildungsbemühungen. Die Entwicklung eines Begriffe-Sets bzw. die Integration neuer Begriffe in die kognitive Struktur der Adressaten und die zunehmende Differenzierung bereits bekannter Begriffe sind nicht nur Informationsprozesse, sondern auch Ausstattung für einen operativen Umgang mit Politik: informieren, interpretieren, argumentieren, diskutieren, vergleichen, urteilen, handeln - all diese Tätigkeiten basieren nicht zuletzt auf Vertrautheit mit politischen Begriffen.

Je abstrakter der Begriff, desto notwendiger erscheint eine kontinuierliche, intensive Klärung. Im folgenden sei dies exemplarisch am Politik- und Demokratiebegriff verdeutlicht.

5.2.1. Der mehrdimensionale Politikbegriff

In einer Analyse von Geschichts- und Sozialkundebüchern stellten M. Hättich u.a. 1985 fest, daß der Terminus 'Politik' zwar meist verwendet, selten jedoch von den Autoren erklärt wird.[1)]

Die wenigen Definitionsbemühungen differieren erheblich, sind z.T. zu weit gefaßt und grenzen spezifisch Politisches nicht deutlich genug von anderen gesellschaftlichen Bereichen ab. Schwierigkeiten bereiten dabei zum einen die Mehrdimensionalität und Komplexität des Phänomens 'Politik', zum andern die unterschiedlichen Auf-

---

1) Hättich, M. u.a.: Die politische Grundordnungen ..., a.a.O., S. 41ff.

fassungen von Politik.[1)]

Böhret u.a. bezweifeln nicht ohne Grund die Existenz einer eindeutigen und einheitlichen Definition von Politik.[2)]

Soll Politik in der politischen Bildungsarbeit nicht nur eine Leerformel sein, die in der Kommunikation Mißverständnisse geradezu herausfordert, müssen die verschiedenen Politikbegriffe geklärt werden und die jeweilige Begriffsverwendung muß präzisiert, strukturiert und gesichert werden.

Gerade aufgrund der genannten Schwierigkeiten wird oft in der Didaktik der Versuch gemacht, das Politische im sozialen Bereich zu fassen. Wenn sich auch Politisches und Soziales gegenseitig durchdringen und einander zur Voraussetzung haben, so darf dennoch nicht übersehen werden, daß beide Bereiche nicht ineinander aufgehen. In der Politik werden gesamtgesellschaftlich verbindliche Entscheidungen getroffen über z.T. Umstrittenes durch legale, gewaltfreie Konfliktregelung mit dem Ziel einer menschenwürdigen Ordnung. Spezifisch politisch daran ist, daß es sich bei den Konfliktaustragungsparteien um Mehrheits- und Minderheitsgruppen handelt, die durch Wahlen legitimiert werden und sich gegenseitig in der Herrschafts- bzw. Machtausübung ablösen können.

Obwohl Komplexität und Abstraktheit der 'großen Politik' u.U. erhebliche didaktische Probleme vor allem für den Bereich der schulischen Vermittlung bringen - verwiesen sei u.a. auf Stoffreduktion ohne Verfälschung, Schüler-

---

1) vgl. z.B. Politikbegriffe in der Politikwissenschaft, die meist normativ, realistisch, marxistisch, empirisch-analytisch katagorisiert werden. Z.B.: Berg-Schlosser u.a.: Einführung in die Politikwissenschaft, München 1981[3], S. 21ff.
2) Böhret, u.a.: Innenpolitik und politische Theorie. Opladen 1982[3)], S. 25ff. Was ist Politik?

interesse und Altersgemäßheit und auf Propädeutik des Sozialkundeunterrichts - erscheint die Zuwendung zur Politik im engeren Sinn und die Abgrenzung des politischen vom sozialen Bereich dennoch unverzichtbar.

Verharren im Mikrokosmos und Verzicht auf Steigerung des Abstraktionsniveaus führen zu einem reduzierten Politikverständnis, sozusagen zu einer Politik zum Anfassen.[1)] Insofern erscheint der Wechsel von Ebenen z.B. Kleingruppe-Großgruppe-Staat-Welt wichtig.[2)]

Hilfreicher als ein Definitionsversuch erweist sich die Übertragung der angelsächsischen Trias politics-policy-polity auf den diffusen Politik-Begriff, welche in der Bundesrepublik meines Wissens zuerst von Rohe und von Böhret eingebracht wurde. Aufgrund der heuristischen Überzeugungskraft fand dieses Instrumentarium Eingang in didaktische Konzeptionen.[5)]

Polity umfaßt dabei die Formen - Regeln, Gesetze, Institutionen - in denen sich Politik abspielt und die sie zum großen Teil selbst entwickelt hat und weiter fortentwickelt.

---

1)So ist es z.B. unzureichend, die Problematik 'Weltweite Abrüstungs- und Entspannungsbemühungen' (LP Hauptschule, Sozialkunde Bayern 9. Klasse) mit dem Thema 'Der Friede beginnt im zweiten Stock' auf nachbarschaftlicher Ebene abzuhandeln. Auch die weltweiten Umweltprobleme können nicht allein durch lokale Säuberungsaktionen gelöst werden; obwohl diese Maßnahmen zur Sensibilisierung der Schüler durchaus pädagogischen Wert besitzen.

2) Auch Sutor warnt vor dieser Reduktion. Vgl.: Neue Grundlegung politischer Bildung, Paderborn 1984, Bd. I, S. 64.

3) Rohe, K.: Politische Begriffe und Wirklichkeit. Stuttgart 1978, S. 62ff.

4) Böhret, u.a., a.a.O., S. 28ff.

5) z.B. Gagel: Einführung in die Didaktik des politischen Unterrichts, Opladen 1983 oder
Kühr, H.: Die Rolle des Parlamentarismus und der vergleichenden Politikbetrachtung in der politischen Bildung. In: Weinacht, a.a.O., S. 113ff.

Policy meint die inhaltliche Politikdimension, wie es z.B. in den Kombinationen 'Sozialpolitik' oder 'Agrarpolitik' deutlich wird.

Politics schließlich kennzeichnet den politischen Prozeß zwischen den verschiedenen Interessen und Akteuren.

Böhret faßt die verschiedenen Dimensionen des Politikbegriffs in einer Matrix folgendermaßen zusammen:[1)]

Dimension	Erscheinungsformen	Merkmale	Bezeichnung
Form	- Verfassung - Normen/Gesetze - Institutionen	- Verfahrensregelungen - Ordnung	polity
Inhalt	- Aufgaben u. Ziele - Probleme	- Problemlösung - Aufgabenerfüllung - Wert- und Zielorientierung - Gestaltung	policy
Prozeß	- Interessen - Konflikte - Kampf	- Macht - Konsens - Durchsetzung	politics

Abb. 10 Matrix: Dimensionen des Politikbegriffs

1) Böhret, a.a.O., S. 33

Wesentliche Erkenntnis für die politische Didaktik scheint mir beim Aufbau eines angemessenen, operativen Politikverständnisses die Berücksichtigung o.a. drei Dimensionen und die Verdeutlichung ihrer Interdependenz zu sein. D.h. keine Dimension darf im Unterricht beständig ausgeblendet werden; jede kann aber von Fall zu Fall durchaus unterschiedlich intensiv thematisiert werden. Die Beschränkung auf nur eine Dimension würde jedoch zu einem reduzierten und daher einseitigen Politikverständnis[1)] führen.

5.2.2. Der differenzierte Demokratiebegriff

Einer der meist verwendeten Begriffe der politischen Bildung, Demokratie, wird häufig als bekannt vorausgesetzt und infolgedessen nur selten näher erläutert. Die dazu oft übliche unterschiedliche Verwendung des Wortes irritiert und führt bei vielen eher zur Desorientierung als zur klaren Vorstellung.

Am Anfang der Klärungsversuche wird zunächst die Etymologie stehen. Demokratie als 'Volksherrschaft' allein beschreibt allerdings das Modell nur unzureichend. Erst im Laufe einer langen Zeit kristallisierten sich die Inhalte von 'Demokratie' heraus, wie sie in der heutigen Zeit verstanden wird. So wandelte sich der Begriff ebenso radikal im Zeitalter der Aufklärung, wie sich das Denken wandelte. Die amerikanische 'Declaration of Independence' fixierte 'Life, Liberty and the Pursuit of Happiness', ein Verdienst John Lockes, der konsequent den Weg des individualistischen Naturrechtsdenkens ging. In der französischen Revolution erschienen

---

1) Dies geschah z.B. bei der Konfliktdidaktik, in der die politics-Dimension dominierte, während die 'Institutionenkunde' sich weitgehend mit der polity-Ebene beschäftigte.

die bis heute gültigen Konstitutiva des Begriffs, nämlich liberté, égalité und fraternité.

Trotz dieser langen Tradition der Demokratie mußten feudale und monarchische Strukturen im Laufe der letzten Jahrhunderte erst noch überwunden werden; die Demokratie mußte verschiedene Entwicklungsstufen durchlaufen, um zu unserem heutigen differenzierten Denkmodell zu werden. Auch heute noch ist man sich der Schwierigkeiten und der Veränderungsprozesse dieser 'zweitbesten Staatsform' (Churchill) bewußt.

Diesen, absichtlich nur als grobes Raster skizzierten Entwicklungsverlauf kann die politische Bildung nicht aufzeigen. Hier bedarf sie der Geschichte als einer unterstützenden, verwandten Fachwissenschaft.

Für die politische Bildung muß es gelten, den Spannungsbogen zwischen der 'Volksherrschaft' der Polis und der Demokratie des ausgehenden 20. Jahrhunderts aufzuzeigen, sich aber schwerpunktmäßig auf die Begriffsvielfalt der heutigen Zeit zu konzentrieren. Hilfreich bei dem Versuch, ein Ordnungsraster herzustellen, könnte die folgende Dreiteilung sein.

'Demokratie' wird als ein politisches Strukturprinzip gleichwertig neben anderen - z.B. Sozialstaat, Bundesstaat, Rechtsstaat - verstanden. Daneben dient der Begriff zur Bezeichnung einer Staatsform, die jedoch von Ordnungen verschiedenster Prägung in Anspruch genommen wird. Über die politische Sphäre hinaus wird Demokratie als 'way of life' bzw. als gesellschaftliches Strukturprinzip postuliert. Um bei Schülern einen Begriff aufzubauen, muß die jeweilige Begriffsverwendung präzisiert, die inhaltliche Orientierung aufgedeckt werden.

Dabei sollten im wesentlichen folgende Inhalte aufgegriffen werden:

Demokratie als Staatsform:
- historischer Rekurs
- Unterscheidung von Identitäts- und Konkurrenzmodellen (monistisch/plural)
- präsidentielle Demokratie, parlamentarische Demokratie, Volksdemokratie
- Vergleich mit anderen Ordnungsformen

Demokratie als politisches Strukturprinzip:
- Demokratiebegriff des Grundgesetzes (Art. 20, 79/3)
- Volkssouveränität/Legitimation und Wahlen/Repräsentationsproblematik
- Mehrheitsprinzip und Minderheitenrechte/Möglichkeit des Machtwechsels/Herrschaft auf Zeit
- Konflikt - Konsens/abwehrbereite Demokratie/Widerstandsrecht
- Ergänzende Prinzipien (Rechtsstaat, Sozialstaat, Föderalismus, Gewaltenteilung)

Demokratie als Lebensform:
- Ausweitung des politischen Prinzips auf gesellschaftliche Subsysteme
- Möglichkeiten und Grenzen der Demokratisierung

Die o.a. Aufzählung versteht sich nicht als vollständiger Katalog, der nun abgehakt werden kann, um den Aufbau eines Demokratiebegriffs damit zwangsläufig zu erzielen. Eine Schwierigkeit der Umsetzung liegt in der Passung der verschiedenen Elemente an die Adressaten. Durch Auswahl, Gewichtung und Verknüpfung sollte es längerfristig gesehen möglich gemacht werden, ein Strukturgefüge von Demokratie aufzubauen, das flexibel genug ist, Differenzierungs- und Generalisierungsleistungen zugleich durchzuführen. Zwischen den Konkretisierungen und den reinen Abstraktionen bietet sich eine Vielzahl feiner Abstufungsmöglichkeiten an, die jeweils der unterrichtlichen und erziehlichen Situation angepaßt werden muß.

Dem Aufbau eines Demokratiebegriffes stehen, wie im Politikbegriff u.ä. weit gefaßten Denkmodellen, zwei Hindernisse entgegen: Zum einen die oben näher beschriebene Weite und zum Teil mißverständliche Vielfalt, zum anderen die für die Diskussion zwar nötige, aber stets auch einengende Typologisierung, die in reiner Form kaum vorhanden ist, sondern eher in Überschneidungen und Mischformen sichtbar wird.

5.3. Integration der polity-Dimension (am Beispiel des Parlaments)

Aufbau und Entfaltung eines angemessenen, an der Realität orientierten Institutionenverständnisses stellt nach wie vor die politische Bildung vor ein großes Problem. Trotz umfangreicher Bemühungen vor allem der Bundeszentrale bzw. der Landeszentralen für politische Bildung und der Öffentlichkeitsreferate der Parlamente sind über Parlamente neben diffusen Kenntnissen längst bekannte - und vielfach widerlegte - Vorurteile bzw. unangebrachte idealisierte Maßstäbe weitverbreitet, die es weiterhin zu korrigieren bzw. abzubauen gilt: überhöhte Diäten, geringe Präsenz bei Plenardebatten, langweilige Fensterreden, schmutziger politischer Stil und zuviel Streit und Desinteresse bei Debatten, Bequemlichkeit und Bestechlichkeit der Parlamentarier, Fraktionszwang, Vorstellung von klassischer dualistischer Gewaltenteilung und Überzeugung im Plenum. E. Jesse spricht zutreffend von "Vorurteilsträchtigkeit", "Klischeevorstellungen" und "Stammtisch-Ansichten" über Parlamentarismus.[1]

S. Schüttemeyer bilanziert ähnliches:
"Die Lücken in den Kenntnissen der Bürger sind beträchtlich. Die normativen Vorstellungen der Bürger von dem, was ein Parlament wie tun sollte, sind häufig unzutreffend und wenig realitätsgerecht."[2] Weiterhin vermutet sie wohl zurecht in der Bundesrepublik schwach ausgeprägte affektive Bindungen an den Bundestag.

Lücken im kognitiven Bereich begünstigen jedoch die Fehlperzeption im normativen und evaluativen Bereich; anders formuliert: fehlendes Funktionswissen kann zu defizitärem Funktionsverständnis führen, kann die ohnehin geringe Reputation des Bundestages bzw. der Länderparlamente weiter abbauen und eine affektive, kritisch-loyale Akzeptanz von Institutionen erschweren bzw. verhindern.

Ohne Kenntnisse der institutionellen Spielregeln kann ein Verständnis für den parlamentarischen Prozeß und eine reflektierte Identifikation mit einer pluralistischen freiheitlichen Demokratie nicht ermöglicht werden. Als notwendiges Lernziel muß politische Bildung - schulisch und außerschulisch - also ein durch Kenntnisse grundgelegtes, an der Realität orientiertes Parlamentarismusverständis anstreben, das parlamentarisches Handeln mit rationalem Urteil und kritischer Sympathie verfolgt. Die Vermittlung von polity-Kenntnissen allein wäre gleichzusetzen mit einem Rückfall in eine positivistisch-abstrakte Institutionenkunde. Der Verzicht auf prozessual-dynamische und reflektiert-normative Elemente, würde

---

1) Jesse, E.: Literaturführer - Parlamentarische Demokratie. Opladen 1981, S. 113
2) Schüttemeyer, S.: Der Bundestag im Urteil der Bürger: Wie sicher ist ein guter Ruf? In: ZParl 1/87

zu Defiziten bei der Modifikation bzw. dem Aufbau von Einstellungen und Werthaltungen führen.

Damit soll nun nicht ein Konzept politischer Bildung favorisiert werden, das den parlamentarischen Prozeß unkritisch und ausschließlich apologetisch betrachtet.

Didaktische und methodische Intention muß es vielmehr sein, polity-Wissen, insbesondere Verfahrensregelungen weder auszublenden noch ausschließlich zu vermitteln, sondern vielmehr in eine Analyse eines Fallbeispiels bzw. in die exemplarische Untersuchung eines parlamentarischen Problems, einer Aufgabe oder einer Situation angemessen einzubinden, die Interdependenzen zur policy- bzw. politics-Ebene aufzuzeigen, um über polity-Verständnis die Bereitschaft zur reflektierten, selbstbestimmten Identifikation mit der freiheitlich-demokratischen Grundordnung zu ermöglichen.

5.3.1. Vermittlung von polity-Kenntnissen

Politik spielt sich innerhalb eines Rahmens ab, der durch politische Prozesse selbst gestaltet wurde und beständig fortentwickelt wird. Verfahren begrenzen jedoch nicht nur, sondern kanalisieren und regulieren politische Interaktionen und sind somit konstitutiv für die parlamentarische Funktionsfähigkeit.

Deshalb muß vor der unterrichtlichen Bewertung parlamentarischer Probleme in der Analysephase stets die Kenntnis der Rahmenbedingungen - Kompetenzzuweisung, Verfahrensklärung, Institutionen - berücksichtigt werden, was die Besinnung und den Rückgriff auf Grundgesetz bzw. Verfassungsbestimmungen, Geschäftsordnungen und parlamentarische Konventionen und Bräuche erfordert.

Die legitime Entstehung der Mehrheitsverhältnisse durch demokratische Wahlen, die Repräsentation des Volkes, die oppositive Struktur und die Beschlußfassungskompetenz der Parlamente müssen aufgezeigt werden. Neben den Parlamentsfunktionen - Kreationsfunktion, Kontrolle der Regierung, Gesetzgebung und Öffentlichkeitsfunktion - müssen auch parlamentarische Arbeitsabläufe und Organisation, Verschränkung bzw. Interaktion mit anderen Institutionen - z.B. Bundesrat, Regierung, Bundespräsident - geklärt werden. Dabei muß vor allem ein weitgehend plenarzentriertes Verständnis vermieden werden zugunsten einer komplementären Auffassung von Plenum und präplenarem Bereich - Fraktionen, Ausschüsse, Arbeitsgruppen -, in dem plenare Entscheidungen wesentlich präformiert werden durch Aushandeln und Schließen von Kompromissen.

Ohnehin gilt es, keinen statischen, sondern einen prozessual-dynamischen Parlamentsbegriff aufzubauen, was mittels Problem- bzw. Aufgabenorientierung z.B. durch Thematisierung eines exemplarischen Gesetzgebungsverfahrens erreicht werden kann.

In diesem Zusammenhang erscheinen auch Parlaments-'besuche' zwar grundsätzlich begrüßenswert, tragen jedoch ohne sachkundige Vor- und Nachbereitung kaum zum angemessenen Verständnis für parlamentarische Abläufe bei, da akzidentelle und punktuelle Beobachtungen die verbreiteten Vorurteile - geringe Anwesenheit, Desinteresse der Abgeordneten etc. - eher bestätigen.[1)]

Politischer Unterricht muß, wenn es sich anbietet, mit dem Medium Grundgesetz bzw. Verfassung arbeiten und

---

1) Dies konnte der Verfasser bei mehreren Parlamentsbesuchen mit Schülern und Studenten beobachten.
vgl. zu dieser Problematik auch:
Lauber, H.: Der Landtag als Lernort in der Politischen Bildung: Parlamentarier und Plenarsitzung irritieren. In: Landeszentrale für politische Bildung Baden-Württemberg (Hrsg.): Politische Bildung im öffentlichen Auftrag. Stuttgart 1982, S. 34ff.

eruieren, welche Institutionen mit welchen Kompetenzen und welche Verfahrensregeln beim Unterrichtsthema eine Rolle spielen.[1)]

Unverzichtbar sind für die politische Bildung die Kenntnis der essentiellen Grundgesetz-Artikel (Fundamentalnorm GG Art. 1, Strukturprinzipien GG Art. 20 und Art. 79/3, Grundrechte und Verfassungsinstitutionen) bzw. der entsprechenden Landesverfassungsbestimmungen. In diesem Zusammenhang schlug Sutor auf einer Fachtagung zur Verfassung im Unterricht ein praktikables Frageraster[2)] zur Behandlung aktueller politischer Probleme vor:
- Was sagt das Grundgesetz zu unserer Thematik?
- Welche Institutionen/Organe/Verfahrensregeln kommen ins Spiel?
- Welche Möglichkeiten oder wünschenswerte Regelungen oder Entscheidungen sind legitim nach Maßgabe der Grundnormen und der Strukturprinzipien der Verfassung?
- Ist eine Verfassungsänderung wünschenswert und möglich?

Adäquate Schlüsselfragen müßten bei der Thematisierung parlamentarischer Abläufe auch an die Geschäftsordnung als dichtestes Regelwerk gerichtet werden. Es muß hinterfragt werden, inwieweit die verfassungsmäßigen, meist weit gefaßten Bestimmungen näher konkretisiert und differenziert werden und inwieweit die GO-Bestimmungen prozedurale, personale und materiale Kanalisation und Kontrolle ermöglichen. Die parlamentarische Praxis erhält durch die GO erst ihre jeweils spezifische Prägung - z.B. Anhörung, Abstimmung, Beratung, Untersuchung, Fragestun-

---

1) In diesem Zusammenhang muß die an vielen bayerischen Schulen verbreitete Praxis kritisiert werden, die gem. BV Art. 188 vorgeschriebene Übergabe eines Verfassungstextes an jeden Schüler erst bei Beendigung der Schulpflicht mit der Zeugnisübergabe durchzuführen. Sinnvoller erschiene es, den Schülern die Verfassungstexte so rechtzeitig zu übergeben, daß diese unterrichtlich noch genutzt werden können.

2) Sutor: Das Grundgesetz als Herausforderung. In: Bundeszentrale für polit. Bildung (Hrsg.): Verfassung und Geschichte der Bundesrepublik Deutschland im Unterricht. Bonn 1980, S. 72

de - und Verfahrensregulierung.

Die in der politischen Praxis vorhandenen und benötigten Freiräume werden durch Parlamentsbräuche und -konventionen in erheblichem Maße bestimmt. Diese dienen auch zur Fortentwicklung der Geschäftsordnung. Die Berücksichtigung dieser nichtkodizifierten Regulative erscheint bei der Behandlung von 'Parlament' im Unterricht unverzichtbar, zumal das politische Klima bzw. das Niveau der parlamentarischen Kultur und politisches fair-play sich gerade im rechtlich nichtverbindlichen ungeschriebenen Bereich zeigt.

Neben dieses interfraktionelle Regelsystem treten ähnlich strukturierte intrafraktionelle Regulativa, die Fraktionsgeschäftsordnungen bzw. Rituale der Fraktion bzw. Arbeitsgruppen, die die Interaktion der Abgeordneten steuern.

Insgesamt braucht selbstverständlich kein detailliertes Wissen dieses mehrschichtigen und ineinander verflochtenen Regelsystems angestrebt zu werden. Essentielle Regulativa sollten zwar inhaltlich gesichert werden, bei den übrigen Subsystemen genügt es, über Existenz, Wirksamkeit und Sinn Bescheid zu wissen und am konkreten exemplarischen Fall die Fähigkeit des Informierens und Urteilens zu trainieren.

5.3.2. Anbahnung von polity-Verständnis

Eine Beschränkung politischer Bildungsbemühungen auf detaillierte Kenntnisvermittlung würde jedoch Erkenntnisbildung und Sinnverständnis verfehlen, bzw. sogar verhindern. Insofern gilt es, die Bildungsbemühungen tiefer zu führen, Sinn zu verdeutlichen, Verknüpfungen herzustellen und nicht Stoffwissen zu kumulieren, das ohnehin selten genug in die kognitive Struktur integriert wird. Oberreuter spricht in diesem Zusammenhang zurecht vom "unverstandenen Regierungssystem".[1)]

Weiß man um die Arbeitsteilung und die parlamentarischen Abläufe, so wird einsichtig, wieso das Plenum zwar Ort der Beschlußfassung und der öffentlichen Begründung von Entscheidungen, nicht aber Ort der eigentlichen Willensbildung ist.

Kennt man die Verschränkung von Parlamentsmehrheit und Regierung, so versteht man die Verschiebung der öffentlichen Kontrollfunktion z.B. durch Anfragen und Untersuchungsausschüsse auf die Oppositionsfraktionen und die Unterstützung der Regierungspolitik durch die Mehrheitsfraktionen.[2)]

Sind Spezialisierung und steigender Regelungsbedarf eines Sozial- und Rechtsstaates bekannt, wird evident, daß diese Überlastung der Parlamente eher Effizienz (Arbeitsparlament) als Transparenz (Redeparlament) begünstigt und den Kompetenz- und Informationsvorsprung der Regierungsbürokratie gegenüber den verbesserungsbedürftigen Parlamentshilfsdiensten - insbesondere der Oppositionsfraktionen - eher vergrößert.

Beim Aufbau bzw. der Modifikation eines an der Realität orientierten Parlamentsbegriffs darf kein harmonisierendes, ideales Leitbild dominieren; vielmehr muß die plurale, oppositive Struktur verdeutlicht werden. Die Institutionen, z.B. Parlament, dürfen weiterhin nicht statisch aufgefaßt werden, sondern prozessual-dynamisch. Spielre-

---

1) Oberreuter, H.: Funktion und Bedeutung politischer Institutionen. In: Hättich, u.a.: Die politische Grundordnung ..., S. 256
2) Im nichtöffentlichen Rahmen wird jedoch durchaus Kritik von den Mehrheitsfraktionen an den Regierungsmitgliedern geübt.

geln ermöglichen dabei gewaltfreie Entscheidungen, ordnen den parlamentarischen Dialog und sichern die Funktionsfähigkeit des Gremiums, z.B. durch Festlegung der Redeordnung, Abstimmungsmodi, Kompetenzzuweisung; sie schützen Minderheiten vor Willkür der Mehrheit, entlasten das Plenum, sichern Legitimität und legen einen Minimalkonsens fest. Es ist völlig unangebracht, Regulativa nur unter formalem Aspekt zu betrachten, da sie neben ihrer pragmatischen auch eine evaluative Dimension besitzen. Regeln ordnen nicht nur den Ablauf parlamentarischer Verfahren, sondern begrenzen Macht, engen die Bewegungsfreiheit der einzelnen Abgeordneten ein und binden durch ihre normativen und materialen Implikate die Inhalte und Ziele der Politik an gewisse Maßstäbe.

Menschenwürde als Fundamentalnorm und die Grundrechte werden nicht nur postuliert, sondern sind unmittelbar geltendes Recht. Sutor vertritt zurecht folgende Auffassung, die er zwar auf das Grundgesetz bezieht, die teilweise jedoch ebenso zur Kennzeichnung von Geschäftsordnung und Parlamentsbrauch herangezogen werden kann: "Die Verfassung ist nicht ein wertfreies Organisationsstatut des Staates, ist nicht ein Programm für konkrete Politik, sondern ein Sinnkonzept des Zusammenlebens in einer pluralen Gesellschaft, ein Rahmen für die Lösung gesamtgesellschaftlicher Probleme und für die Regelung von Konflikten."[1)]

Es muß den Schülern auch verdeutlicht werden, daß das parlamentarische Spiel trotz aller regulierenden Subsysteme wie GO bzw. FO auch eines Freiraums bedarf; durch zu detaillierte Regelungen würden Experimentierspielräume aufgehen, Spontaneität weitgehend verhindert und Handlungsmöglichkeiten des einzelnen Abgeordneten weiter eingeschränkt. Gelegentlich werden ungeschriebene, sich im

---

1) Sutor, B.: Das Grundgesetz als Herausforderung ..., a.a.O., S. 75

Laufe der Zeit herausbildende Regeln in die Geschäftsordnung übernommen, z.B. die Handhabung von Zwischenfragen im Parlament.

Spielregeln können und müssen in gewissem Rahmen fortentwickelt werden. Wesentliche Modifikationen sollten jedoch trotz der Geschäftsordnungsautonomie der Parlamente nicht ohne qualifizierte Mehrheit erfolgen, da in der Demokratie die Möglichkeit des Machtwechsels für alle Fraktionen gegeben ist. Insofern beschneiden Mehrheitsfraktionen Minderheitsrechte kaum, wenngleich sie andererseits auch verständlicherweise kein Interesse daran zeigen, solange sie über die Mehrheit verfügen, Verbesserungen zugunsten der Minderheit zuzugestehen. Im Unterricht gilt es herauszustellen, daß gerade die Integration der Minderheiten - in der aktuellen parlamentarischen Entwicklung vor allem der Grünen - einen Prüfstein für Reife und Qualität einer Ordnung darstellt.

Exzessiver Gebrauch der Geschäftsordnung durch Fraktionen bzw. einzelne Abgeordnete kann parlamentarische Entscheidungen aufschieben bzw. unmöglich machen. Auf diese Weise gewinnen Verfahrensfragen über ihre Regelungsfunktion hinaus eine zusätzliche anders geartete Bedeutung; sie werden Objekt parlamentarischen Deliberierens und schieben sich vor die Lösung sachlicher Probleme.

Dabei muß verstanden werden, daß ohne weitgehenden Spielregelkonsens kein Parlament seine Aufgaben erfüllen kann. Einzelne punktuelle Regelverstöße bei weniger bedeutenden Bestimmungen können zwar toleriert und sanktioniert werden, umfassendere, gar kollektive Regelverstöße führen zur Veränderung bzw. zur Abschaffung bestehender Bestimmungen oder Bräuche bzw. gefährden die Funktionsfähigkeit des Parlaments.

Die Infragestellung bzw. Ablehnung grundlegender Spielregeln, wie es z.B. das Majoritätsprinzip darstellt, führt nicht nur zu einer gravierenden Belastungsprobe öffentlicher Herrschaft, sondern gefährdet darüber hinaus die friedliche Lösung politischer Probleme und bedroht somit die freiheitlich demokratische Grundordnung. Gerade zum Mehrheitsprinzip gibt es keine praktikable und rechtfertigungsfähige Alternative.[1)]

5.3.3. Reflektierte polity-Akzeptanz als Element politischer Kultur

Hinter der Forderung an die politische Bildung die polity-Dimension wieder verstärkt zu berücksichtigen, steht ein wesentliches Lernziel: kritische Loyalität bzw. Akzeptanz und Identifikationsmöglichkeit mit Institutionen und essentiellen Prinzipien und Verfahren der freiheitlichen parlamentarischen Demokratie.

Erstrebenswert ist dabei nicht eine unkritische Akzeptanz eines starren Ordnungs- und Regelsystems - zumal Parlamentsreform als beständige Aufgabe gilt und Regeln von Menschen aus Erfahrung entwickelt in gewissem Rahmen durchaus veränderbar sind - sondern vielmehr die begründete Identifikation mit einer wertgebundenen Ordnung und einem minimalen Grundkonsens. Darüber hinaus bedarf eine pluralistische Gesellschaft - da sie Konflikte und inhaltlichen Dissens ermöglicht - von allen Demokraten anerkannter Verfahren, die jedoch nicht nur eine regulative Dimension besitzen, sondern auch eine normative. Wenn dadurch nicht nur undifferenzierte Meinungen (beliefs) korrigiert, sondern darüber hinaus kritisch-loyale Einstellungen (attitudes) und Wertungen (values) ermöglicht werden, stellt die För-

---

1) Auch Ph. Jenninger betonte in seinem Vortrag im Rahmen des Colloqium politicum in Augsburg am 27. Mai 1987 die Unverzichtbarkeit des Mehrheitsprinzips.

derung reflektierter Identifikation mit dem Ordnungs- und Verfahrenskonsens bzw. mit einem minimalen Wertekonsens einen erheblichen und notwendigen Beitrag zu Sicherung und Fortentwicklung der politischen Kultur der Bundesrepublik dar.

Neben den Politikern selbst können Medien und vor allem politische Bildner und Pädagogen dazu beitragen das Ansehen der Parlamente, bzw. der Institutionen durch Aufdecken ihrer Leistungen und Schwächen zu stärken und die Akzeptanz parlamentarischer Spielregeln zu fördern. Angesprochen auf die Relevanz dieser Aufgabe äußerte sich der gegenwärtige Bundestagspräsident Dr. Jenninger folgendermaßen:
"Bessere Unterrichtung und Information über das Parlament, die parlamentarischen Arbeitsabläufe und den Sinn der sie steuernden Regeln sind von ganz entscheidender Bedeutung für eine erfolgreiche Bildungsarbeit. Gerade den Lehrern obliegt hier eine große Verantwortung. Wer - wie es einem heute noch weit verbreiteten Mißverständnis entspricht - die parlamentarische Debatte an der Modellvorstellung eines öffentlichen Diskussionsprozesses mit wahrheitsstiftender Wirkung oder einer Lehrveranstaltung, an deren Ende möglichst alle gleicher Überzeugung sein sollten, mißt, muß fast zwangsläufig zu einem negativen Urteil über das Parlament kommen. Besserer Vermittlung bedarf auch die Bedeutung des Mehrheitsprinzips in der freiheitlichen parlamentarischen Demokratie, in der Mehrheit und Wahrheit nicht identifiziert werden dürfen, aber auch Minderheiten nicht unter Berufung auf vorgeblich allein von ihnen erkannten Wahrheiten verbindliche Mehrheitsentscheidungen unterlaufen dürfen."[1)]

---

1) Ph. Jenninger in einem Brief an Prof. Hampel v. 31.7.87 vgl. Anhang dieser Arbeit

Diesen Ansichten Jenningers stimmt der Autor zu, wenngleich bedacht werden sollte, daß zum einen Lehrer und politische Bildner diese Aufgabe nicht alleine erfüllen können, sondern Unterstützung vor allem durch Medien und ganz wesentlich durch das Verhalten der Parlamentarier selbst benötigen und daß zum anderen die ungünstigen Rahmenbedingungen politischer Bildung weniger durch pädagogische, sondern im wesentlichen durch politische Entscheidungen der Länderparlamente zu verbessern wären.

Trotz aller Widrigkeiten mit denen eine ins Marginale abgedrängte politische Bildung derzeit zu kämpfen hat, versteht der Autor reflektierte polity-Akzeptanz als unverzichtbare Aufgabe einer sich der freiheitlich-demokratischen Grundordnung verpflichtet fühlenden politischen Bildung und als notwendigen Beitrag, um Heranwachsende zur politischen Teilnahme zu befähigen.

6. Anhang

Fragen an den amtierenden Bundestagspräsidenten
Herrn Dr. Philipp Jenninger[1)]

1) Der Autor hat auf Anregung Prof. Hampels die Anwesenheit Dr. Jenningers beim Colloquium Politicum der Universität Augsburg am 27.5.87 dazu genutzt, einen Fragenkatalog zur untersuchten Problematik zu überreichen.
Herrn Dr. Jenninger sei an dieser Stelle für die Beantwortung der Fragen nochmals recht herzlich gedankt.

DER PRÄSIDENT
DES DEUTSCHEN BUNDESTAGES

5300 BONN 1,

31. Juli 1987

Herrn
Professor
Dr. Johannes Hampel
Universitätsstraße 10

8900 Augsburg

Sehr geehrter Herr Professor Hampel,

anläßlich meines Vortrags im Rahmen der Veranstaltungsreihe "Colloquium Politicum" haben Sie mir einige Fragen überreicht. Leider ist es mir erst jetzt möglich, diese Fragen zu beantworten. Sicherlich ist zu einzelnen Themen noch einiges mehr zu sagen. Ich habe mich jedoch - schon aus Zeitgründen - darauf beschränkt, möglichst kurze Antworten zu geben. Ich hoffe, Sie haben dafür Verständnis.

Mit freundlichen Grüßen
Ihr

Anlage

1. Laut GOBT § 7 ist der Präsident des Deutschen Bundestages Repräsentant der Volksvertretung, Sitzungsleiter, Hausherr und Behördenchef. Als Schiedsrichter im Parlament sind Sie jedem bekannt. Auch Ihre Funktionen als "Hausherr" bzw. Leiter der Administration sind vorstellbar. Unschärfer zeigt sich das vierte Betätigungsfeld. Können Sie Ihre Aufgaben als "Repräsentant der Volksvertretung" etwas konkretisieren?

Der Bundestagspräsident ist der für die Dauer einer Wahlperiode gewählte, nicht abberufbare und mit einer weitgehenden Unabhängigkeit ausgestatte Repräsentant des Parlaments im Verfassungsleben.

Seine Stellung als staatsrechtlicher Repräsentant des Parlaments ist im geschriebenen Parlamentsrecht - zu nennen sind vor allem Artikel 40 Grundgesetz und § 7 der Geschäftsordnung des Deutschen Bundestages (GOBT) - nicht abschließend geregelt. Sie erschöpft sich nicht in der Befugnis zur Vertretung des Bundestags (§ 7 Absatz 1 GOBT - Vertretung des Bundestags im Rechtsverkehr und in Rechtsstreitigkeiten, Adressat und Absender im Schriftverkehr mit anderen Verfassungsorganen, Adressat der an den Bundestag gerichteten Petitionen). Die über die Stellung eines Vertreters im engeren Sinne hinausgehende Repräsentantenstellung des Bundestagspräsidenten zeigt sich an seiner unabhängig von Weisungen wahrzunehmenden Aufgabe, die Würde und Rechte des Bundestages z.B. gegenüber der Exekutive oder bei Angriffen aus der Öffentlichkeit zu wahren (§ 7 Absatz 1 GOBT). Sie wird weiter deutlich an der ihm von der Staatspraxis zugewiesenen Aufgabe der Vereidigung des Bundespräsidenten und der Regierungsmitglieder. Sie schlägt sich in dem protokollarischen Rang des Bundestagspräsidenten als "zweiter Mann im Staat" nieder

...

und ist an den zahlreichen Repräsentationsverpflichtungen des Bundestagspräsidenten im Bereich des Öffentlichen erkennbar, bei denen er durch seine Anwesenheit symbolisch die gesamte Volksvertretung vergegenwärtigt.

2. Es hat den Anschein, als ob die starke Stellung des Parlamentspräsidenten Erosionserscheinungen unterworfen ist. Nicht zuletzt die Praxis der interfraktionellen Vereinbarungen engt den Parlamentspräsidenten bei seinen Leitungsaufgaben im Plenum ein. GUNDELACH bezeichnet ihn sogar als "Gefangenen vieler Regeln" und als "oftmals nur ausführendes Organ von Beschlüssen anderer". Wie beurteilen Sie Ihren tatsächlichen Handlungsspielraum?

Einer Einschätzung, die - vielleicht zu sehr orientiert an der Vorstellung eines nahezu souveränen Parlamentspräsidenten - die Stellung des Bundestagspräsidenten Erosionserscheinungen unterworfen sieht, kann nicht beigepflichtet werden.

Das Parlamentsrecht - Grundgesetz und Geschäftsordnung des Bundestages - räumt dem Bundestagspräsidenten ausreichende Handlungsmöglichkeiten und -spielräume für die Wahrnehmung seiner Funktionen ein, die er ungeachtet mancher Anforderungen, Erwartungen und Einflüsse seitens der am parlamentarischen Leben beteiligten Kräfte auch faktisch nutzen kann. Die für den Bundestagspräsidenten wie für jeden anderen Amtsträger bestehende Bindung an rechtliche Regeln, aber auch die in einzelnen Fällen

...

vorgesehene Bindung des Bundestagspräsidenten an Beschlüsse und Entscheidungen anderer Organe des Parlaments, dürfen nicht vorschnell und pauschal als Erosionserscheinungen gedeutet werden, die ihn zum "Gefangenen vieler Regeln" oder "oftmals nur ausführendes Organ von Beschlüssen anderer" machten.

Auch speziell für die dem Bundestagspräsidenten obliegende Aufgabe der Sitzungsleitung läßt sich nicht sagen, daß die Praxis interfraktioneller Vereinbarungen ihn zunehmend einenge und seine Rechtsstellung beschränke. Daß Termin und Tagesordnung der Plenarsitzungen sowie Gestaltung und Dauer der Plenardebatten regelmäßig vom Ältestenrat vereinbart werden, sieht die Geschäftsordnung selbst vor (vgl. §§ 20 Absatz 1, 35 Absatz 1 GOBT); dieses Verfahren beeinträchtigt nicht die Stellung des Bundestagspräsidenten, sondern hat den Sinn, das Plenum zu entlasten.

Die Sitzungsleitung nimmt der Präsident - oder einer seiner Stellvertreter - im Rahmen der durch das Grundgesetz und die Geschäftsordnung gezogenen Grenzen selbständig und unabhängig wahr. Dies gilt vor allem für die Ausübung der parlamentarischen Ordnungsgewalt gegenüber Mitgliedern des Bundestages und die Handhabung des Hausrechts gegenüber anderen Sitzungsteilnehmern und Zuhörern. Ein deutliches Indiz für die starke Stellung des Präsidenten bei der Sitzungsleitung ist es, daß alter parlamentarischer Übung entsprechend Kritik an der Sitzungsleitung des Präsidenten im Plenum unzulässig ist.

...

Bedeutsam für die Position des Präsidenten bei der Sitzungsleitung ist schließlich auch seine Kompetenz, während einer Sitzung auftretende Zweifelsfragen über die Auslegung der Geschäftsordnung für den Einzelfall zu entscheiden (§ 127 Absatz 1 Satz 1 GOBT).

3. **Ein Bundestagspräsident befindet sich immer im Spannungsfeld zwischen gebotener Überparteilichkeit und faktisch gegebener Parteizugehörigkeit. Wie kommt man mit diesen im Amt angelegten Widersprüchlichkeiten zurande?**

Es trifft zu, daß die Zugehörigkeit des Bundestagspräsidenten zu einer Partei und Fraktion einerseits und das Gebot zu neutraler Amtsführung andererseits ihn mit unterschiedlichen, manchmal sogar widersprüchlichen Anforderungen und Erwartungen konfrontieren kann. Die Notwendigkeit, verschiedene Rollen mit den dazugehörigen unterschiedlichen Anforderungen auseinanderzuhalten und zu trennen, ergibt sich aber auch bei vielen anderen staatlichen Ämtern. So muß zum Beispiel ein Richter in einem politischen Verfahren wegen seiner ausschließlichen Bindung an Gesetz und Recht von seinen politischen Auffassungen abstrahieren. Wer die Wahl zum Bundestagspräsidenten annnimmt, weiß, daß er zu neutraler Amtsführung verpflichtet ist und parteipolitische Bindungen hintanstellen muß. Die Erfüllung dieser Verpflichtung verlangt nichts Unmögliches und wird von den Fraktionskollegen auch respektiert.

...

4. Als Schiedsrichter des parlamentarischen Geschehens wachen Sie auch über die Einhaltung gewisser Regeln. Ist die GOBT eine ausreichende Grundlage zur Steuerung, Kanalisierung und Regulierung des parlamentarischen Dialogs?

Die Geschäftsordnung des Bundestages, deren Vorschriften zu einem nicht geringen Teil noch altbewährten Geschäftsordnungsregelungen des Reichstages der Kaiserzeit und der Weimarer Republik entsprechen oder aus ihnen fortentwickelt worden sind, ist in ihrer heutigen Form eine aufs Ganze gesehen ausreichende Grundlage zur Regelung der parlamentarischen Arbeits- und Verfahrensabläufe. Natürlich tauchen immer wieder neue Probleme und Fragen auf, die Änderungen oder Ergänzungen einzelner Regelungen der Geschäftsordnung nahelegen oder erfordern. So sind zum Beispiel in der vergangenen Wahlperiode die sogenannten Verhaltensregeln für die Mitglieder des Deutschen Bundestages - eine Art Ehrencodex für Abgeordnete - , die in einer Anlage zur Geschäftsordnung enthalten sind, neu gefaßt worden. Parlamentsreform ist, auch was das Parlamentsrecht und die Geschäftsordnung angeht, ein ständiger Prozeß. Für eine Totalrevision der Geschäftsordnung besteht heute aber kein Bedürfnis.

5. Ist mit dem Einzug der GRÜNEN in das Parlament der interfraktionelle Konsens z.B. bezüglich parlamentarischer Spielregeln gefährdet oder gar zerbrochen?

...

Ohne Anerkennung der Verfahrensregeln durch alle Beteiligten kann kein Parlament auf Dauer seinen Aufgaben gerecht werden. Es wäre gewiß überzogen zu behaupten, mit dem Einzug der GRÜNEN in den Bundestag sei der bisherige Konsens über die Einhaltung der parlamentarischen Spielregeln zerbrochen.Es gibt aber Erscheinungen, die ihn als gefährdet erscheinen lassen: Zu den selbstverständlichen Spielregeln der parlamentarischen Demokratie gehört die Respektierung des Mehrheitsprinzips und mehrheitlich zustande gekommener Entscheidungen. Damit sind Aufrufe zum Boykott von mehrheitlich zustande gekommenen Gesetzen vom Rednerpult des Deutschen Bundestages aus nicht vereinbar. Ebenso nicht entsprach es der für alle Mitglieder des Bundestages bestehenden Obliegenheit, sich nach Möglichkeit an der Arbeit des Parlaments zu beteiligen, daß die Fraktion DIE GRÜNEN der Debatte zur Frage der Wiederherstellung des Plenarsaals zugunsten einer Teilnahme an einer Demonstration fernblieb.

6. **Bevor Sie zum Bundestagspräsidenten gewählt wurden, gehörten Sie als damaliger Parlamentarischer Geschäftsführer der CDU/CSU-Fraktion dem Ältestenrat an. Insofern verfügen Sie über eine langjährige Erfahrung in diesem Gremium. Haben sich Arbeitsklima und Effizienz dieses Lenkungsgremiums durch den Einzug der GRÜNEN gewandelt?**

Der Ältestenrat ist, soweit er den Präsidenten bei der Führung der Geschäfte unterstützt und Vorschläge für Termin und Tagesordnung sowie Gestaltung und Dauer der

...

Aussprachen im Plenum erarbeitet, kein nach dem Mehrheitsprinzip entscheidendes Beschlußorgan, sondern kann nur im allseitigen Einverständnis " Vereinbarungen" treffen. Seine auf Erzielung von Konsens angelegte Aufgabenstellung ist in hohem Maße von der Kooperationsfähigkeit und -willigkeit der ihm angehörenden Vertreter der Fraktionen abhängig. Die Beratungen des Ältestenrates sind vertraulich. Allgemein läßt sich aber sagen, daß die Beteiligung von Vertretern der GRÜNEN im Ältestenrat nicht zu einem Effizienzverlust geführt und auch das Arbeitsklima nicht gravierend verschlechtert hat. Allerdings ist der Ältestenrat seither häufiger mit Streitfragen, nicht zuletzt auch solchen, die die Grundlagen des Parlamentsverständnisses betreffen, befaßt worden.

7. Haben heutzutage ungeschriebene Konventionen, d.h. parlamentarische Bräuche und Gewohnheitsrechte, noch eine Bedeutung oder sind sie nicht mehr zeitgemäß?

Ungeschriebene Regeln - Parlamentsbrauch und Gewohnheitsrecht - haben seit jeher als Ergänzung des geschriebenen Parlamentsrechts eine ganz erhebliche Rolle gespielt. Sie sind nicht nur Ausdruck der Traditionsgebundenheit der parlamentarischen Organisations- und Verfahrensformen, sondern früher wie auch heute deshalb unverzichtbar, weil parlamentarische Geschäftsordnungen keine abgeschlossenen Gesetzeswerke sind, die alle Fragen der Organisation und des Geschäftsgangs vollständig und lückenlos regeln könnten. Die Unverzichtbarkeit ungeschriebener Regeln als

...

Ergänzung des geschriebenen Parlamentsrechts schließt es allerdings nicht aus, daß einzelne solcher Regeln ihre Bedeutung verlieren und aufgegeben oder fortentwickelt werden oder auch in das geschriebene Parlamentsrecht übernommen werden.

8. **Die Reputation des Bundestages in der Öffentlichkeit scheint in den letzten Jahren eher geringer als besser geworden zu sein.
Würden Sie diese These bestätigen? Welche Möglichkeiten sehen Sie, um dies abzuändern?**

Die verbreitete These, das Ansehen des Bundestages in der Öffentlichkeit sei geringer geworden, entgeht wohl nicht ganz der naheliegenden Gefahr, aus der zeitlichen Distanz heraus Vergangenes zu verklären. Richtig ist allerdings: Das Ansehen des Bundestages könnte besser sein.

Es sind vor allem zwei - auch in den Medien immer wieder angesprochene - Komplexe, die dem Ansehen des Bundestages abträglich sind: Zunächst die oft geringe Präsenz im Plenum. Hier muß vor allem besser als bisher der Öffentlichkeit gegenüber verdeutlicht werden, daß der eigentliche Prozeß der parlamentarischen Willensbildung und Entscheidungsfindung nicht im Plenum, sondern in den Ausschüssen und in den Arbeitsgremien der Fraktionen stattfindet. Das ist in Anbetracht der Flut der parlamentarischen Initiativen, der Komplexität ihrer Gegenstände und den sich daraus ergebenden Erfordernissen der Arbeitsteilung und der Spezialisierung der

...

Abgeordneten unvermeidlich. Ungeachtet der Verlagerung des parlamentarischen Arbeitsprozesses bleibt das Plenum jedoch der für die Öffentlichkeit sichtbare Kern des parlamentarischen Lebens, an dem sich Substanz und integrierende Kraft des Parlaments als Forum der Nation zeigen. Wenn aktuelle und wichtige, die ganze Nation berührende Fragen behandelt werden, ist die Forderung nach größerer Präsens nicht unberechtigt. Der Bundestag muß sich in Zukunft stärker als bisher bei der Gestaltung seiner Debatten auf die Behandlung grundlegender und aktueller Fragen, die den Bürger bewegen und die Abgeordneten zu größerer Präsenz anregen, konzentrieren.

Gegenstand kritischer Anmerkungen sind weiter der Debattenstil und die Art des Umgangs der Abgeordneten miteinander.

Die parlamentarische Debatte ist eine Form der politischen Auseinandersetzung, die in der Sache deutlich und hart sein darf, bei der aber auch Toleranz gegenüber Andersdenkenden, gegenseitiges Anhören und Ertragen abweichender Meinungen geboten sind. Jeder Abgeordnete ist mit dafür verantwortlich, daß durch sein Verhalten in den parlamentarischen Debatten das Ansehen des Parlaments in der Öffentlichkeit keinen Schaden nimmt.

9. Wie können Lehrer dazu beitragen, das Ansehen des Parlaments zu stärken und eine Akzeptanz in die Notwendigkeit parlamentarischer Spielregeln zu fördern?

...

Bessere Unterrichtung und Information über das Parlament, die parlamentarischen Arbeitsabläufe und den Sinn der sie steuernden Regeln sind von ganz entscheidender Bedeutung für eine erfolgreiche politische Bildungsarbeit. Gerade den Lehrern obliegt hier eine große Verantwortung. Wer - wie es einem heute noch weit verbreiteten Mißverständnis entspricht - die parlamentarische Debatte an der Modellvorstellung eines öffentlichen Diskussionsprozesses mit wahrheitsstiftender Wirkung oder einer Lehrveranstaltung, an deren Ende möglichst alle gleicher Überzeugung sein sollten, mißt, muß fast zwangsläufig zu einem negativen Urteil über das Parlament kommen. Besserer Vermittlung bedarf auch die Bedeutung des Mehrheitsprinzips in der freiheitlichen parlamentarischen Demokratie, in der Mehrheit und Wahrheit nicht identifiziert werden dürfen, aber auch Minderheiten nicht unter Berufung auf vorgeblich allein von ihnen erkannte Wahrheiten verbindliche Mehrheitsentscheidungen unterlaufen dürfen.

10. **Der GOBT entsprechend achten Sie auch auf die "Würde des Hauses". Können Sie einige Beispiele anführen, wann Ihnen die "Würde des Hauses" als nicht mehr eingehalten erscheint?**

Die Würde des Parlaments, die der Bundestagspräsident zu wahren hat, ist ein unbestimmter Rechtsbegriff, der abstrakt nicht abschließend definiert werden kann und dessen Bedeutungsgehalt in gewissem Umfang Wandlungen unterliegt. So wird es heute nicht mehr als Verletzung der Würde des Parlaments angesehen, wenn Abgeordnete

...

keine Krawatte (oder Fliege) und kein Jackett tragen.

Es gibt aber einen Kernbereich des Begriffs, der gewahrt werden muß. Neben Verstößen gegen allgemeine Anstandsregeln wie zum Beispiel Schlafen, Rauchen oder Essen stellt es zum Beispiel eine Verletzung der Würde des Parlaments dar, wenn die Eidesleistung eines Ministers durch einen die religiösen Gefühle verletzenden Zwischenruf ("Gotteslästerung") gestört wird.

Die Würde des Parlaments kann nicht nur im Parlament selbst, sondern auch von außerhalb - sei es durch Abgeordnete oder Dritte - verletzt werden. Als grobe Verletzung der Würde des Parlaments ist es zu werten, wenn ein Abgeordneter - wie kürzlich geschehen - in einer Presseerklärung den Bundestag als "politisch, geistig und moralisch verkommenes Organ" bezeichnet.

11. Wie steht es mit Ihrer persönlichen Zufriedenheit? Empfinden Sie Ihr Amt als erfüllend?

Das Amt des Bundestagspräsidenten habe ich nicht angestrebt, dennoch fühle ich mich vom ersten Tag an dieser Aufgabe verpflichtet.
Die Pflicht zur neutralen Amtsführung erlaubt es nicht, aktiv und gestaltend in die tägliche Politik einzugreifen. Gleichwohl bieten die vielfältigen Aufgaben des Repräsentanten des Verfassungsorgans Bundestag - wie sie eingangs kurz skizziert sind - ein weites Betätigungsfeld. Der parlamentarische Alltag des Präsidenten erschöpft sich nicht nur in der - nach

...

außen sichtbaren - Leitung der Plenarsitzungen. Neben protokollarischen Verpflichtungen sehe ich es beispielsweise auch als meine Aufgabe an, den Erfahrungs- und Gedankenaustausch mit anderen Parlamenten zu pflegen, das Gespräch mit dem Bürger zu suchen, zu grundsätzlichen Fragen Stellung zu nehmen, Mittler zwischen den Fraktionen des Deutschen Bundestages zu sein. Der parlamentarische Alltag ist trotz aller Routine nie alltäglich. Die Aufgabe fasziniert und fordert zugleich heraus. Dieser Herausforderung werde ich mich auch in Zukunft gerne stellen.

12. **Wo setzen Sie in dieser Legislaturperiode als Parlamentspräsident Ihre persönlichen Schwerpunkte? Welche Ziele haben Sie sich gesetzt?**

Ich möchte zwei Anliegen in den Vordergrund stellen:

Die in der 10. Wahlperiode eingesetzt Ad-hoc-Kommission Parlamentsreform hat Vorschläge zur Verbesserung der parlamentarischen Arbeit vorgelegt. Einige ihrer Empfehlungen konnten inzwischen in die Praxis umgesetzt werden. Ich werde dem Deutschen Bundestag in dieser Wahlperiode weitere Reformvorschläge unterbreiten. Dabei sehe ich einen Schwerpunkt darin, durch geeignete Maßnahmen das Plenum des Deutschen Bundestages von allzu detallierter und spezialisierter Gesetzgebungsarbeit zu entlasten, damit sich das Plenum als Form der Nation mehr als bisher mit grundsätzlichen Fragen, die unser Volk bewegen, befassen kann.

Eine weitere Aufgabe in dieser Wahlperiode sehe ich in der Verbesserung der Arbeitsbedingungen für die Abgeordneten des Deutschen Bundestages. Nach nunmehr 17jähriger Planung hat der Deutsche Bundestag am 05. Juni 1987 die Grundlagen für die notwendigen Aus- und Erweiterungsbauten geschaffen. Es wird nunmehr darauf ankommen, die Genehmigungs- und Zustimmungsverfahren, für die das Land Nordrhein-Westfalen zuständig ist, zum Abschluß zu bringen und die Baumaßnahmen zügig in Angriff zu nehmen. Ich wünsche mir, daß der Deutsche Bundestag die 40. Wiederkehr des Tages seiner Konstituierung im neuen Plenarsaal feiern kann.

7. Literaturverzeichnis

Achtenberg, Norbert: Grundzüge des Parlamentsrechts. München 1971

Achtenberg, Norbert: Parlamentsrecht. Tübingen 1984

Bagehot, Walter: The English Constitution - with an Introduction by R.H.S. Crossmann, London 1964

Bayerischer Landtag: Verhandlungen des Bayerischen Landtags X. Wahlperiode 1982/86, Plenarprotokolle Nr. 106 - 116; Band 7. München 1986

Bayerischer Landtag/Landtagsamt (Hrsg.): Handbuch des Bayerischen Landtags 10. Wahlperiode. München 1982

Bayerischer Landtag: Geschäftsordnung des Bayerischen Landtags (Fassung vom 1. August 1985)

Below, Andreas von: Der Ältestenrat des Deutschen Bundestages. In: Konrad-Adenauer-Stiftung (Hrsg.): Die "vergessenen" Institutionen. Melle 1979

Berg-Schlosser/Maier/Stammen: Einführung in die Politikwissenschaft. München 1981[3]

Blischke, Werner: Geschäftsordnung. In: Deutscher Bundestag (Hrsg.): Bundestag von a - z Nr. 11 Geschäftsordnung. Bonn 1976

Blischke, Werner: Ungeschriebene Regeln im Deutschen Bundestag. In: E. Busch (Hrsg.): Parlamentarische Demokratie - Bewährung und Verteidigung. Heidelberg 1984

Böhret, Carl u.a.: Innenpolitik und politische Theorie. Opladen 1982[3]

Borgs-Maciejewski, Hermann: Parlamentsorganisation. Institutionen des Bundestages und ihre Aufgaben. Heidelberg/Hamburg 1983[2]

Borgs-Maciejewski, Hermann: Parlamentsorganisation. Hamburg 1983

Bücker, Josef: Der Abgeordnete hat das Wort - Gedanken zum Rederecht im Deutschen Bundestag. In: Busch, E. (Hrsg.): Parlamentarische Demokratie - Bewährung und Verteidigung. Heidelberg 1984

Bundeszentrale für politische Bildung (Hrsg.): Verfassung und Geschichte der Bundesrepublik Deutschland im Unterricht. Bonn 1980

Carstens: Karl: Die Stellung des Parlamentspräsidenten nach deutschem Parlamentsrecht. In: Rosenbauer/ Gabert (Hrsg.): Parlamentarismus und Föderalismus. München 1978

Deutscher Bundestag (Hrsg.): Amtliches Handbuch des Deutschen Bundestages 10. Wahlperiode. Bonn 1983

Deutscher Bundestag: Geschäftsordnung für die 10. Wahlperiode

Deutscher Bundestag (Hrsg.): Amtliches Handbuch des Deutschen Bundestages 10. Wahlperiode, Stand 17. Februar 1987. Darmstadt 1985

Deutscher Bundestag (Hrsg.): Zur Sache 1/84 - Themen parlamentarischer Beratung: Probleme der Frau in unserer Gesellschaft. - Frauenarbeitslosigkeit, Sicherung der Gleichbehandlung, Beseitigung von Diskriminierung, Verbesserung der Chancengleichheit von Mädchen. - Große Anfrage - Gesetzentwürfe - 6. Jugendbericht - Beratungen des Bundestages am 12. April 1984. Speyer 1984

Dichgans, Hans: Mehr Freiheitsraum für die Abgeordneten. In: ZParl 76/1

Dübber, Ulrich: Neunzig Prozent ohne Resonanz - Das Bild der Bundestagsabgeordneten in Presse, Hörfunk und Fernsehen. In: Klatt, Hartmut (Hrsg.): Der Bundestag im Verfassungsgefüge der Bundesrepublik Deutschland. Bonn 1980

Evers, Hans-Ulrich (Hrsg.): Grundgesetz und Verfassungen der deutschen Bundesländer. München 1980

Foucault, Michel: Die Ordnung des Diskurses. München 1974

Fraenkel, Ernst: Deutschland und die westliche Demokratie. Stuttgart 1979[7]

Fraktionsordnungen der Bundestagsfraktionen in der 10. Wahlperiode: - SPD - CDU/CSU - FDP - Die Grünen (vorläufige FO) -

Fraktionsordnungen der Landtagsfraktionen in Bayern (10. Wahlperiode): - SPD - CSU -

Gagel, Walter: Die neuen sozialen Bewegungen als Herausforderung des politischen Unterrichts. In: Aus Politik und Zeitgeschichte 50/84

Gagel, Walter: Einführung in die Didaktik des politischen Unterrichts. Opladen 1983

Gehlen, Arnold: Moral und Hypermoral. Wiesbaden 1986[5]

Giesecke, Hermann: Methodik des politischen Unterrichts. München 1978[5]

Grünert, H./Kalivoda, G.: Politisches Sprechen als oppositiver Diskurs. In: E.W.B. Hess-Lüttich (Hrsg.): Textproduktion und Textrezeption. Forum Angewandte Linguistik Bd. 3. Tübingen 1983

Gundelach, Ulrich: Der Bundestagspräsident. In: Konrad-Adenauer-Stiftung (Hrsg.): Die "vergessenen Institutionen. Melle 1979

Hättich, Manfred u.a.: Die politische Grundordnung der Bundesrepublik Deutschland in Politik- und Geschichtsbüchern. Melle 1985

Hättich, Manfred: Das Konsensproblem in der Demokratie. In: Akademie für politische Bildung Tutzing u.a. (Hrsg.): Konflikt und Integration II. München 1978

Härth, Wolfgang: Abwählbar oder nicht? Der Parlamentspräsident und sein Amt. In: ZParl 4/85

Hamm-Brücher, H. u.a.: Das freie Mandat im Parlament der Fraktionen. In: ZParl 2/85, S. 246ff.

Hampel, Johannes: Grundgesetz und politische Wirklichkeit. In: Politische Studien Nr. 2/79

Hampel, J./Schor, A.: Sozialkunde in der Hauptschule. Donauwörth 1980

Hübner/Oberreuter/Rausch (Hrsg.): Der Bundestag von innen gesehen. München 1969

Ismayr, Wolfgang: Parlamentarische Kommunikation und Abgeordnetenfreiheit. Frankfurt/M. 1982

Jenninger, Philipp: Grundkonsens und Demokratie. Vortrag beim Colloqium politicum der Universität Augsburg am 27.5.1987

Jesse, E.: Literaturführer: Parlamentarische Demokratie. Opladen 1981

Kabel, R.: Die Entstehung der Tagesordnung durch interfraktionelle Vereinbarungen. In: H.A. Roll (Hrsg.): Plenarsitzungen des Deutschen Bundestages. Berlin 1982

Kant, Immanuel: Kritik der praktischen Vernunft. Stuttgart 1984

Kasten, Hans-Hermann: Möglichkeiten und Grenzen der Disziplinierung des Abgeordneten durch seine Fraktion. In: ZParl 4/85

Kimminich, O.: Macht, Recht, Ethos. München 1982

Klatt, Hartmut (Hrsg.): Der Bundestag im Verfassungsgefüge der Bundesrepublik Deutschland. Bonn 1980

Kluxen, Kurt (Hrsg.): Parlamentarismus. Köln/Berlin 1969

Kohl, Helmut: Freiheit, Solidarität, Gerechtigkeit. In: Gorschenek, Günther (Hrsg.): Grundwerte in Staat und Gesellschaft. München 1977

Kühr, Herbert: Die Rolle des Parlamentarismus und der vergleichenden Politikbetrachtung in der politischen Bildung. In: Weinacht, P.-L. (Hrsg.): Parlamentarismus begreifen, München 1985

Lauber, H.: Der Landtag als Lernort in der Politischen Bildung. In: Landeszentrale für politische Bildung Baden-Württemberg (Hrsg.): Politische Bildung im öffentlichen Auftrag. Stuttgart 1982

Lang, Gustl: Die Stellung der Fraktionen im Bayerischen Landtag. In: Rosenbauer/Gabert (Hrsg.): Parlamentarismus und Föderalismus - Festschrift für Rudolf Hanauer. München 1978

Langguth, Gerd: Heraus aus dem selbstverschuldeten Getto. In: Das Parlament Nr. 49/85

Lattmann, Dieter: Die lieblose Republik. München 1981

Lichtenberg, Peter: Die Aktuelle Stunde im Deutschen Bundestag. Berlin 1983

Lohmar, Ulrich: Das Hohe Haus - Der Bundestag und die Verfassungswirklichkeit. Stuttgart 1975

Luhmann, Niklas: Legitimation durch Verfahren. Frankfurt/M. 1983[4]

Mittelstrass, Jürgen: Versuch über den sokratischen Dialog. In: Stierle, K./Warning, R. (Hrsg.): Das Gespräch. München 1984, S. 11ff.

Nienhaus, Volker: Konsensuale Gesetzgebung im Deutschen Bundestag. In: ZParl. 2/85

Oberreuter, Heinrich: Kann der Parlamentarismus überleben? Zürich 1977

Oberreuter, Heinrich: Wertwandel und politische Bildung. In: Aus Politik und Zeitgeschichte 50/84

Oberreuter, Heinrich: Konsens und Konflikt in der parlamentarischen Demokratie. In: Weinacht, P.-L. (Hrsg.): Parlamentarismus begreifen. München 1985

Oberreuter, Heinrich u.a.: Pluralismus. München 1979

Oberreuter, Heinrich: Funktion und Bedeutung politischer Institutionen. In: Hättich u.a.: Die politische Grundordnung der Bundesrepublik Deutschland in Politik- und Geschichtsbüchern. Melle 1985

Platon: Gorgias (Reclam-Ausgabe). Stuttgart 1983

Rausch, Heinz: Parlament und Regierung. München 1975[4]

Rausch, Heinz: Strukturprobleme des Deutschen Bundestages. In: Akademie für politische Bildung Tutzing u.a. (Hrsg.): Konflikt und Integration II - Perspektiven des politischen Systems der Bundesrepublik Deutschland. München 1978

Röhring/Sontheimer (Hrsg.): Handbuch des deutschen Parlamentarismus. Das Regierungssystem der Bundesrepublik in 270 Stichworten. München 1970

Rohe, K.: Politische Begriffe und Wirklichkeit. Stuttgart 1978

Roll, Hans-Achim: Auslegungen und Fortbildung der Geschäftsordnung. In: Roll, h.A. (Hrsg.): Plenarsitzung des Deutschen Bundestages. Berlin 1982

Roll, H.A.: Geschäftsordnungspraxis im 10. Deutschen Bundestag. In: ZParl 3/86

Roll, Hans-Achim (Hrsg.): Plenarsitzungen des Deutschen Bundestages. Festgabe für Werner Blischke. Berlin 1982

Rosenbauer, H./Gabert, V. (Hrsg.): Parlamentarismus und Föderalismus - Festschrift für Rudolf Hanauer. München 1978

Rothemund, Helmut: Die Opposition im Bayerischen Landtag. In: Bayerische Landeszentrale für politische Bildungsarbeit (Hrsg.): 1946 - 1986 Auftrag Bewährung Ausblick - 40 Jahre Bayerische Verfassung. München 1986

Schäfer, Friedrich: Der Bundestag. Eine Darstellung seiner Aufgaben und seiner Arbeitsweise. Opladen 1977[3]

Schellknecht, Helmut: Große Meinungsvielfalt wird kanalisiert. In: Klatt, Hartmut (Hrsg.) Der Bundestag im Verfassungsgefüge der Bundesrepublik Deutschland. Bonn 1980

Schellknecht, Helmut (Hrsg.): Wegweiser Parlament. Heidelberg 1986

Schindler, Peter: Datenhandbuch zur Geschichte des Deutschen Bundestages 1949 bis 1982. Baden-Baden 1984[3]

Schindler, Peter: Deutscher Bundestag 1949 - 1987: Parlaments- und Wahlstatistik. In ZParl 2/87

Schindler, Peter: Datenhandbuch zur Geschichte des Deutschen Bundestages 1980 bis 1984, Baden-Baden 1986

Schindler, Peter: Die Arbeitsweise des Deutschen Bundestages. In: Der Deutsche Bundestag 1949-1969. Frankfurt/M./Bonn 1969

Schläger, Jürgen: Warum ist die Philosophie so wenig dialogisch? In: Stierle, K./Warning, R. (Hrsg.): Das Gespräch, München 1984

Schmidt, Helmut: Ethos und Recht in Staat und Gesellschaft. In: Gorschenek, G. (Hrsg.): Grundwerte in Staat und Gesellschaft. München 1977

Schüttemeyer, S.: Der Bundestag im Urteil der Bürger: Wie sicher ist ein guter Ruf? In: ZParl 1/87

Schütt-Wetschky, Eberhard: Grundtypen parlamentarischer Demokratie. Freiburg 1984

Stammen, Theo: Politik und Sprache - Studien zum Problem ihrer Zuordnung. Unveröffentlichte Habilitationsschrift. München 1969

Stammen, Theo: Der Rechtsstaat. München 1977[3]

Sutor, Bernhard: Das Grundgesetz als Herausforderung. In: Bundeszentrale für politische Bildung (Hrsg.): Verfassung und Geschichte der Bundesrepublik Deutschland im Unterricht. Bonn 1980

Sutor, Bernhard: Neue Grundlegung politischer Bildung. Bd. I und II. Paderborn 1984

Szmula, Volker: Geschäftsordnungen. In: Sontheimer/Röhring (Hrsg.): Handbuch des politischen Systems der Bundesrepublik Deutschland. München 1977

Trossmann, Hans: Parlamentsrecht des Deutschen Bundestages. München 1977

Trossmann, H./Roll, H.-A.: Parlamentsrecht des Deutschen Bundestages. Ergänzungsband. München 1981

Weber, M.: Soziologie - Universalgeschichtliche Analysen - Politik. Stuttgart 1973

Weinacht, Paul-Ludwig (Hrsg.): Parlamentarismus begreifen. München 1986

Wolfgramm, T.: Anmerkungen zur Geschäftsordnung des Deutschen Bundestages. In: Busch, E. (Hrsg.): Parlamentarische Demokratie - Bewährung und Verteidigung. Heidelberg 1984

Zeh, Wolfgang: Altersschichten in der Geschäftsordnung des Deutschen Bundestages. In: ZParl 3/86

Zeh, Wolfgang: Der Deutsche Bundestag. Düsseldorf 1979[3]

Oliver Thränert
Rüstungssteuerung und Gradualismus
Möglichkeiten und Grenzen einer alternativen Sicherheitspolitik
1986, Band 8, 611 Seiten, Manuskriptdruck, Paperback, ISBN 3-88073-201-9

Eva-Maria Masyk
Die Außenpolitik der Vereinigten Staaten von Amerika gegenüber ASEAN unter der Reagan-Administration
1986, Band 9, 510 Seiten, Manuskriptdruck, Paperback, ISBN 3-88073-191-8

Vijay M. Das
Die Rolle Tibets in den chinesisch-indischen und chinesisch-amerikanischen Beziehungen: 1949 – 1954
1986, Band 10, 625 Seiten, Manuskriptdruck, Paperback, ISBN 3-88073-197-7

Reinhard Meier-Walser
Der Streikputsch der KP Österreichs und seine internationalen Hintergründe
Die kommunistischen Streikaktionen vom September/Oktober 1950 im besetzten Österreich vor dem Hintergrund der sowjetischen Machtexpansion in Osteuropa nach dem Ende des Zweiten Weltkrieges
1986, Band 11, 250 Seiten, Manuskriptdruck, Paperback, ISBN 3-88073-215-9

Franco P. Rota
Leitfaden zur internationalen Politik
Eine Skizze zu Theorie und Praxis der politischen Entwicklung seit 1939
1986, Band 12, 116 Seiten, Manuskriptdruck, Paperback, ISBN 3-88073-229-9

Au Duong The
Die politische Entwicklung in Gesamtvietnam 1975 bis 1982: Anspruch und Wirklichkeit
1987, Band 13, 271 Seiten, Manuskriptdruck, Paperback, ISBN 3-88073-238-8

Charles Weston
Die erzwungene "Partnerschaft"
Grenzen und Möglichkeiten strategischer Rüstungskontrolle am Beispiel des SALT-Prozesses von Johnson bis Reagan
1987, Band 14, 436 Seiten, Manuskriptdruck, Paperback, ISBN 3-88073-249-3

Michael Rapp
Nordirland am Scheideweg
Britische Direktherrschaft, anglo-irische Dimension und internationale Verflechtung
1987, Band 15, 367 Seiten, Manuskriptdruck, Paperback, ISBN 3-88073-250-7

tuduv

Otto A. Randel
Exemplarische Verkehrspolitik in der Bundesrepublik Deutschland
Intentionen und reale Politik - Planung und Beeinflussung - Ergebnisse und Folgen
Aufgezeigt am Beispiel der Bundesautobahn BAB A 7 / Teilstück Nesselwang - Landesgrenze
1988, Band 25 320 Seiten, Manuskriptdruck, Paperback, ISBN 3-88073-311-2

Wilhelm Bernert
Regulative des parlamentarischen Dialogs als Aufgabe der politischen Bildung
1988, Band 26, 245 Seiten, Manuskriptdruck, Paperback, ISBN 3-88073-308-2

Reinhard Meier-Walser
Die Außenpolitik der monocoloren Regierung Klaus in Österreich 1966-1970
1988, Band 27, 586 Seiten, Manuskriptdruck, Paperback, ISBN 3-88073-310-4

Peter Streitle
Die Rolle Kurt von Schuschniggs im österreichischen Abwehrkampf gegen den Nationalsozialismus (1934 - 1936)
1988, Band 28, 614 Seiten, Manuskriptdruck, Paperback, ISBN 3-88073-301-5

Franco P. Rota/Peter Streitle
Studientips
Politische Wissenschaft/Internationale Politik
Ein Ratgeber zu Literatur, Recherchen, Arbeits- und Prüfungsstrategien
1988, Band 29, 100 Seiten, Manuskriptdruck, Paperback, ISBN 3-88073-313-9

tuduv